W0072197

Mühelos aufgeräumt!

PAULINA DRAGANJA

Inhalt

Fotos Ulf Huett
Gestaltung Moa Edlund
Redaktion Eva Bergmann
Reproduktion TB Produktion

Für die deutsche Ausgabe:
Programmleitung Monika Schlitzer
Redaktionsleitung Caren Hummel
Projektbetreuung Katharina May, Elena Bruns
Herstellungsleitung Dorothee Whittaker
Herstellungskoordination Arnika Marx
Herstellung und Covergestaltung Verena Marquart
Coverbild 123RF.com: Mikkail Ryabtsev/rectorplus

Titel der schwedischen Originalausgabe:
Organisera och förwara hemma

© Bokförlaget Semic, 2017
Alle Rechte vorbehalten

Text © Paulina Draganja, 2017

© der deutschsprachigen Ausgabe by
Dorling Kindersley Verlag GmbH, München, 2018
Ein Unternehmen der Penguin Random House Group
Alle deutschsprachigen Rechte vorbehalten

Das Werk und die darin gezeigten Modelle sind urheberrechtlich geschützt. Jegliche – auch auszugsweise – Verwertung, Wiedergabe, Vervielfältigung oder Speicherung, ob elektronisch, mechanisch, durch Fotokopie oder Aufzeichnung, ist, außer für private, nicht kommerzielle Zwecke, ohne vorherige schriftliche Genehmigung durch den Verlag untersagt und wird zivilrechtlich verfolgt.

Übersetzung Christine Heinzius
Lektorat Anja Fuhrmann

ISBN 978-3-8310-3447-5

Druck und Bindung Balto Print, Litauen

Besuchen Sie uns im Internet
www.dorlingkindersley.de

Hinweis
Die Informationen und Ratschläge in diesem Buch sind von der Autorin und vom Verlag sorgfältig erwogen und geprüft, dennoch kann eine Garantie nicht übernommen werden. Eine Haftung der Autorin bzw. des Verlags und seiner Beauftragten für Personen-, Sach- oder Vermögensschäden ist ausgeschlossen.

Tausende haben die Herausforderung bereits angenommen!

Ein Zuhause ist ein lebendiger Ort, der sich ständig verändert, entwickelt und wächst, und zwar im Takt der Menschen, die dort leben und genau dasselbe tun. Ich finde nicht, dass ein »perfektes« Zuhause, das aussieht wie die Fotos in einer Einrichtungszeitschrift, erstrebenswert ist – aber ich glaube, dass wir uns alle nach einem Zuhause sehnen, das ruhig und friedlich wirkt, und dass wir davon profitieren. Wenn man beim Nachhausekommen einen übervollen Flur betritt, voller unsortierter Papierberge, Schränke und Regale, die sich bereits biegen, so wird aus der Freude, zu Hause zu sein, schnell Gereiztheit und Frustration. Dann ist es an der Zeit, aufzuräumen und alles richtig zu organisieren!

Aber die meisten von uns fühlen sich völlig überwältigt von der Vorstellung, alles auf einmal zu erledigen, und es ist schwer, zu erkennen, wo man anfangen sollte, – also gibt man bereits an der Startlinie auf. Deswegen habe ich dieses Buch geschrieben. Es ist ein praktisches Hilfsmittel, um innerhalb eines Jahres ein gut organisiertes Zuhause zu schaffen. Für jede Woche gibt es einen konkreten Aufräumplan. So wird die vermeintliche Mammutaufgabe überschaubar, und am Ende haben Sie Ihr ganzes Zuhause einmal gründlich entrümpelt. Zudem trainieren Sie Routinen, um Ihre neue Ordnung auch langfristig beizubehalten.

Der Ausgangspunkt ist eine Liste mit 52 Projekten, eines für jede Woche, die sich auf all die üblichen Problemstellen konzentrieren, die es in den meisten Wohnungen gibt, – und wann man sie am besten angeht, sofern sie saisonabhängig sind. Ziel ist aber auch, die Liste an die eigenen Gegebenheiten anzupassen, damit man aus jedem Projekt so viel wie möglich herausholen kann.

Manche sind recht umfassend und nehmen ein ganzes Wochenende in Anspruch, andere kann man in ein paar Stunden nach Feierabend erledigen. Allen gemeinsam ist, dass man hinterher sehr zufrieden das Geleistete auf einer Liste abhaken kann und sich damit seinem Ziel immer weiter nähert. Schon allein das Gefühl, einen konkreten Plan zu verfolgen, beruhigt.

Vor gut fünf Jahren habe ich mit meinem Blog Förvaringsdrottningen (Aufräumkönigin) begonnen. Dort schreibe ich, wie man sein Zuhause aufräumt und organisiert. Ich möchte meine Tipps und Tricks zu cleveren Stauräumen und einem einfacheren Alltagsleben teilen. Ende Dezember 2015 habe ich beschlossen, im darauffolgenden Jahr jede Woche ein abgeschlossenes Projekt anzugehen, um auf eine systematische Art mein Zuhause zu organisieren, ohne dass das Vorhaben mich erschlägt.

Ich habe meine Blogleser aufgefordert, die Herausforderung zusammen mit mir anzunehmen. Kaum, dass ich die Idee veröffentlicht hatte, verbreitete sie sich wie ein Lauffeuer auf Facebook. Innerhalb eines Tages hatten über 100 000 Personen den Facebookeintrag gelesen und wollten mitmachen! Insgesamt haben über 400 000 die Herausforderung angenommen. Über das Jahr haben Tausende Follower die Projekte umgesetzt und ihre Resultate sowohl auf dem Blog als auch auf der Facebook- und Instagramseite von Förvaringsdrottningen geteilt.

Einige meiner Leser haben sich die Projekte aufgeschrieben und in einem Ordner gesammelt, um sie einfacher mit ihren Familien durchzugehen. Da habe ich begriffen, dass es ein echtes Bedürfnis nach einem Plan und einer richtigen Anweisung gibt, wie man sein Zuhause aufräumt. Und ich habe angefangen, aus meinen Blogeinträgen ein praktisches Handbuch zu erarbeiten, und das halten Sie nun in Händen! Ich habe das Material aus dem Blog umgearbeitet, habe einige Projekte weggelassen und andere dazugenommen, um auf diese Art viele Ihrer Organisationsprobleme zu Hause einzubeziehen. Ich habe es mit all den Tipps meiner Leser, die meine Einträge auf dem Blog, Facebook und Instagram kommentiert haben, verbessert und vervollständigt. Dafür bedanke ich mich ganz herzlich bei allen!

Dies ist mein zweites Buch, und es beschreibt vor allem, WIE man es angeht, zu Hause Ordnung zu schaffen. Es ist voller ganz konkreter, praktischer Tipps.

Ich hoffe, dass dieses Buch Ihnen dabei hilft, dauerhaft Ordnung in Ihrer Wohnung zu halten. Einige Projekte erfordern Mut, andere sind leicht umzusetzen. Manchmal gibt es keine schnelle Lösung, aber ich habe versucht, den Prozess so weit möglich zu vereinfachen. Ich stelle die Projekte sehr ausführlich vor, und Sie können die größeren Projekte immer in kleinere Etappen aufteilen, wenn Sie keine Zeit oder Energie haben, alles auf einmal zu erledigen. Aber es ist besser, überhaupt erstmal anzufangen und das Projekt wenigstens zum Teil umzusetzen, als es ganz zu überspringen. Wenn wir alles durch die Aufräumbrille betrachten, entdecken wir zu Hause Dinge, an die wir normalerweise gar nicht denken, die uns aber trotzdem ärgern – ich nenne sie „Störmomente", also etwa eine vollgestapelte Ablagefläche, der chaotische Inhalt einer Schublade oder ein unordentlicher Zettelhaufen. Deswegen ist es so wichtig, dass Sie das erste Projekt des Buchs besonders gründlich angehen: Die Liste genau an Ihr eigenes Zuhause anzupassen. Wenn wir uns Zeit nehmen und Zimmer für Zimmer, Raum für Raum durchgehen und uns zwingen, unsere Organisation zu Hause zu überdenken, werden wir neue Einsichten über uns selbst und die, die mit uns wohnen, gewinnen. Was wir gern tun, was wir gern konsumieren und was wir nicht mehr tun.

Last but not least: Sie müssen viel Zeit investieren, genau davon haben wir immer zu wenig. Aber wenn Sie sich jede Woche ein bisschen Zeit nehmen, werden Sie sie vielfach zurückbekommen. Sie müssen dann keine Zeit mehr verschwenden, nach Dingen zu suchen und brauchen kein Geld mehr auszugeben, um Dinge zu ersetzen, die eigentlich irgendwo sein müssten, die Sie aber einfach nicht mehr finden. Am Ende des Jahres werden Sie Folgendes erreicht haben:

• Dauerhaft Ordnung in Ihren vier Wänden
• Cleverer Stauraum in allen Zimmern
• Ein gemütlicheres Zuhause
• Platz gewonnen, weil Sie unnötige Sachen ausgemistet haben
• Die Familie einbezogen und Verständnis erzeugt, wie man Ordnung schafft und hält
• Zeit gespart, weil Sie nichts mehr suchen oder Dinge wegräumen müssen, auf der Suche nach anderen Dingen
• Klarheit über den Konsum und die Gewohnheiten Ihrer Familie
• Geld gespart, weil Sie seltener unnötige Dinge kaufen mussten, vielleicht sogar Geld verdient, weil Ausgemistetes verkauft wurde
• Umweltfreundlich gehandelt, weil Sie richtig recycelt und keine unnötigen Dinge gekauft haben
• Entspannter Freunde einladen können, weil es leicht ist, aufzuräumen, wenn jedes Ding seinen Platz hat
• Einigen Krach in der Familie verhindert

All das dank eines einzelnen Projekts pro Woche – das ist es doch sicher wert?

»Mir gefällt, dass die Projekte so unterschiedlich sind, mal räumt man eine einzelne Schublade auf, mal ein ganzes Zimmer.«
Maria

»Ich habe
sofort angefangen,
was für ein Unterschied
und welche Erleich-
terung. Danke!«

Sabina

Ordnung schaffen und beibehalten

Bevor Sie mit den verschiedenen Projekten loslegen, müssen Sie über ein paar Dinge nachdenken. Eine der absolut häufigsten Fragen an mich ist: Wie schaffe und erhalte ich zu Hause Ordnung? Viele suchen nach den perfekten Aufbewahrungsmöbeln als Lösung des Organisationsproblems. Welche Kisten soll ich kaufen, damit zu Hause alles ordentlich wird? Und es stimmt, dass richtige Aufbewahrung wichtig ist, aber es sind noch zwei weitere Faktoren nötig, um eine Ordnung zu erschaffen, die auch bleibt: Die richtige Struktur und die richtigen Alltagsroutinen.

Richtige Aufbewahrung: Ja, es gibt schon etwas, das sich richtige Aufbewahrung nennt, und es hat etwas damit zu tun, was wo aufbewahrt werden soll und wie oft die Dinge genutzt werden. Wenn man etwas auf dem Dachboden lagert, weil man es nicht sehr oft braucht, dann funktioniert es ganz wunderbar, es in Kisten zu packen und diese dann zu stapeln. Wenn man jedoch auch den Inhalt der untersten Kiste ab und an braucht, müssen sie wie Schubladen ausziehbar sein, damit man nicht zuerst alle Kisten herunterheben muss.

Wenn zum Beispiel im Badezimmer oder in der Speisekammer immer wieder Unordnung herrscht, Flaschen und Verpackungen umfallen und gegeneinander stoßen, ist die Lösung, die Dinge zu gruppieren und in kleinere Behälter zu stellen, sodass man sie leichter findet und erreicht.

Denken Sie über Ihre Aufbewahrung nach. Wo legen wir normalerweise die Post ab? Warum legen wir sie dorthin? Was liegt oft herum? Hänge ich meine Kleider lieber auf Bügeln auf oder lege ich sie in ein Schrankfach? Wieso ist der Flur immer chaotisch? Gibt es Dinge, die keinen festen Platz haben? Aufbewahrungsmöglichkeiten müssen eben an Ihre Bedürfnisse angepasst sein.

Das ist meine Definition von richtiger Aufbewahrung. Und die richtige Aufbewahrungsmöglichkeit ist eine Voraussetzung für ein ordentliches Zuhause.

Richtige Struktur: Wenn die richtigen Aufbewahrungsmöglichkeiten vorhanden sind, gilt es, eine gute Struktur für Ihre Sachen zu entwickeln. Dazu gehört, dass Sie Sachen, die zusammengehören, zu Gruppen zusammenfassen und dass Sie überlegen, wo jedes Teil hingehört, damit es allen im Haushalt logisch erscheint.

Wenn Sie sich z. B. immer vor dem Spiegel im Flur frisieren, dann sollten Bürsten und Stylingprodukte dort auf einem Regal oder in einer Kommode greifbar sein, anstatt ständig aus dem Bad hin- und hergeschleppt zu werden. Dann besteht nämlich das Risiko, dass Sie manchmal keine Zeit mehr haben, sie zurückzubringen und schon liegen sie unordentlich an der »falschen Stelle« im Flur.

Wenn Sie ein bestimmtes Gerät oft benutzen, z. B. einen Mixer, dann sollte der nicht ganz oben, ganz hinten im Schrank stehen, sondern leicht zugänglich. Und im Gegenzug sollte etwas, das nur sehr selten eingesetzt wird, genau dort stehen, sodass häufiger Genutztes einen Platz bekommt, der leichter zu erreichen ist.

Ein Beispiel aus meinem Zuhause: Ich habe ziemlich viele schwarze Unterhemden, die sich nur durch die Armlänge unterscheiden. Ich habe ärmellose, kurzärmelige, langärmelige und solche mit mittellangen Ärmeln und wähle sie danach aus, was ich darüber ziehe. Es ist völlig unmöglich, sie zu unterscheiden, wenn sie im Drahtkorb liegen. Also habe ich die Körbe aufgeteilt und beschriftet, welche Ärmellänge sich darin befindet. Die Struktur hilft dabei, Ordnung zu schaffen und auch, sie beizubehalten.

Richtige Alltagsroutinen: Außerdem ist es wichtig, sich die richten Alltagsroutinen anzugewöhnen. Routinen sind entscheidend dafür, dass die Ordnung bestehen bleibt. Denn wenn wir nicht alles wieder an seinen Platz stellen, ist es völlig egal, wie toll unsere Aufbewahrung und deren super durchdachte Struktur ist. Dann klappt es trotzdem nicht.

Es gibt ein paar kleine Tipps, die es einem erleichtern, diese Routinen einzuüben. Z. B. niemals mit leeren Händen von einem Zimmer ins andere gehen. Man kann auch eine Aufgabe mit einer anderen kombinieren und sie so einschmuggeln. Bei uns räumt immer derjenige, der das Frühstück macht, auch die Spülmaschine aus, das kann man rasch erledigen, während die Eier kochen. Vielleicht kann man während der Werbepausen im Fernsehen Quittungen oder andere Papiere sortieren oder eine Waschmaschine füllen, während man telefoniert?

Aber denken Sie daran, wenn Sie nicht allein wohnen, dann sollten Sie das auch nicht allein machen. Spannen Sie die restliche Familie ein. Das hat viele Vorteile. Wenn man etwas gemeinsam tut, dann fühlt man auch gemeinsam Verantwortung dafür, das gilt genauso für die Ordnung zu Hause. Es ist auch eine Frage der Gleichberechtigung, da meistens die Frauen zu Hause die Projektleiterinnen sind und oft die alleinige Verantwortung tragen. Glauben Sie, dass das schwer zu erreichen ist? Nur die Ruhe, ich habe einen Trick, der Ihnen dabei helfen wird. Mehr dazu auf Seite 14.

Aber die wichtigste Routine von allen ist, kontinuierlich auszumisten. Es ist völlig sinnlos, einen Aufbewahrungsort für Dinge zu suchen, die man gar nicht benutzt. Wir bringen ja ständig neue Dinge nach Hause, deswegen sollten wir auch ständig welche aussortieren. Denken Sie daran, dass es etwas kostet, Sachen zu kaufen, es kostet etwas sie aufzuheben, und es kostet etwas, sie loszuwerden. Sodass das billige Ding, das Sie gekauft oder sogar geschenkt bekommen haben, trotz allem etwas kostet. Es ist daher auch eine wichtige Routine, sich gründlich zu überlegen, ob man genau das wirklich braucht, bevor man es kauft oder annimmt.

Drei Tipps, die dabei helfen, kontinuierlich auszumisten:

• Misten Sie in mehreren Schritten aus. Beginnen Sie in einem ersten Durchgang mit den Dingen, von denen Ihnen die Trennung am leichtesten fällt. Kehren Sie später zu den Dingen zurück, bei denen es schwerer fällt. Legen Sie sie vorerst in eine Art Zwischenkiste. Wenn Sie die Dinge nicht vermisst haben, solange sie in dieser Kiste lagen, werden Sie sie höchstwahrscheinlich auch später nicht vermissen.
• Legen Sie fest, wie viel Platz bestimmte Dinge zu Hause einnehmen dürfen. Wenn dieser Platz fast aufgebraucht ist, ist es Zeit auszumisten. Lassen Sie nicht zu, dass sich Dinge unkontrolliert anhäufen.
• Folgen Sie beim Ausmisten den Jahreszeiten. Wenn Sie es sich angewöhnen, am Ende des Winters die Winterschuhe und -kleider und andere Dinge durchzusehen, und natürlich dasselbe am Ende des Sommers, dann führt das zu einer kontinuierlichen Routine samt regelmäßigem Ausmisten.

Liste für aussortierte Dinge

Es kann sehr motivierend sein, festzuhalten, wie viele Dinge man bereits übers Jahr ausgemustert hat. Auf S. 120–121 finden Sie eine »Ausmistliste«, auf der Sie notieren können, welche Dinge Sie jede Woche entweder verkauft, verschenkt oder weggeworfen haben. Es ist toll, wenn man am Ende des Jahres alles zusammenzählt und sieht, wie viel man losgeworden ist.

Bald schauen wir uns die Liste der Projekte für das gesamte Jahr an, aber zunächst erkläre ich noch, wie Sie die Liste nutzen sollten.

Damit das Projekt gelingt

Natürlich kann man jederzeit mit dem Buch und der Projektliste anfangen – aber Sie sollten immer mit den Projekten der ersten zwei Wochen beginnen, weil Sie durch sie aus den restlichen Projekten viel mehr herausholen. Dann springen Sie einfach zur aktuellen Woche vor. Sie können die Projekte auch in Ihrer eigenen Reihenfolge umsetzen. Wenn Sie wissen, dass Sie in einem Monat besonders viel zu tun haben, können Sie ein paar einfachere Projekte zu diesem Zeitpunkt machen und sich erst dann den umfangreicheren Projekten zuwenden, wenn Ihr Kalender nicht mehr so voll ist.

Aber einige Projekte sollte man schon zu einer bestimmten Zeit angehen. Den Gefrierschrank taut man am besten dann ab, wenn draußen Minusgrade herrschen. Auch den jahreszeitlichen Kleideraustausch nimmt man sich dann vor, wenn sich das Wetter ändert. Man kann die Projekte um eine Woche zurück oder vorschieben, aber sie bringen am meisten, wenn man sie zur richtigen Jahreszeit umsetzt. Die jahreszeitlich gebundenen Projekte sind in der Liste mit einem ✗ markiert.

Wenn Sie nicht viel Zeit haben, können Sie ein Projekt auf mehrere Tage aufteilen. Einfacherere und umfassendere Projekte wechseln sich im Jahresplan ab.

Wie sieht es bei Ihnen zu Hause aus?

Wir haben unterschiedliche Ansprüche und unterschiedliche Vorbedingungen in unserem Zuhause. Manche haben zu Hause ein Büro, andere ein Hobbyzimmer, eine Garage, eine Speisekammer, ein oder mehrere Kinderzimmer, andere nicht. Manche haben kaum genug Platz für all ihre Schminkutensilien und andere Hygieneprodukte, während andere so etwas kaum besitzen, dafür aber vielleicht Unmengen an Sneakers. Daher können gar nicht alle Projekte für alle Leser infrage kommen. Aber wenn ein Projekt gar nicht passt, sollten Sie Ihre eigene Prioritätenliste nutzen. Das allererste Projekt ist daher auch, eine solche Prioritätenliste zu schreiben, s. S. 14. Sie können ein Projekt auch zwei Mal durchführen, wenn es Ihren Bedürfnissen entspricht.

Sehen Sie dieses Buch als Werkzeug, mit dem Sie das ganze Jahr über arbeiten, aber denken Sie an die speziellen Bedürfnisse Ihres eigenen Zuhauses! Die Mischung aus Projekten aus dem Buch und Ihrer eigenen Prioritätenliste stellt sicher, dass Sie in einem Jahr überall in Ihrem Zuhause Ordnung schaffen.

Welcher Typ sind Sie?

Wieso ist das wichtig? Nun, weil es die Chance vergrößert, dass Sie alle Projekte erledigen, wenn Sie darüber nachdenken, wie Sie am ehesten anfangen und wie Sie am ehesten etwas beenden.

☐ Sind Sie ein Mensch, der aus seiner Umgebung Energie bezieht und am liebsten Dinge zusammen mit anderen macht? Dann schreiben Sie in Social Media über Ihre Projekte und Ihre Ergebnisse.

☐ Sind Sie ein Wettbewerbsmensch? Setzen Sie sich ein Ziel und am besten noch ein paar Etappenziele. Ich selbst gehöre wohl zu dieser Kategorie und fange damit an, Ziele zu setzen, sie aufzuschreiben und abzuhaken. Die Wochenprojekte können Sie in der Liste hier im Buch abhaken, oder Sie kopieren sie und hängen sie an eine Pinwand und haken die Projekte dort ab.

☐ Macht es Ihnen Spaß, Dinge zu messen und zu vergleichen? Dann ist die Ausmistliste von S. 120–121 das Richtige, auf der sehen Sie exakt, wie viel weniger Kram Sie jetzt zu Hause haben. Denken Sie außerdem daran, alle erledigten Punkte auf der Liste abzuhaken.

☐ Sind Sie an Innenarchitektur interessiert und wollen, dass es ein ästhetisch schönes Zuhause ist? Stellen Sie sich vor, wie das Ergebnis aussehen wird und wie viel besser ein Zimmer wirkt, wenn es aufgeräumt ist. Machen Sie ruhig Vorher-Nachher-Bilder, dann wird das Resultat noch deutlicher.

☐ Fällt es Ihnen schwer, mit der Arbeit anzufangen und schieben Sie sie vor sich her? Dann ist es für Sie wirklich wichtig, eine genaue Zeit festzulegen, wann Sie einfach anfangen müssen. Ohne Ausflüchte!

☐ Arbeiten Sie besser, wenn es hinterher eine Belohnung gibt? Dann überlegen Sie sich eine Belohnung, bevor Sie mit einem Projekt loslegen, damit Ihnen „eine Karotte vor der Nase baumelt". Wenn Sie eine Liste mit all Ihren Lieblingsbelohnungen machen, können Sie daraus wählen wie aus einer Tüte Bonbons.

Belohnungen sind generell nicht zu unterschätzen, egal, welcher Typ man ist. Auf S. 120 können Sie eine Liste mit den Belohnungen aufschreiben, die Sie am meisten motivieren. Schauen Sie sich die Liste vor jedem Projekt an und wählen Sie etwas aus. Auf meiner Liste stehen Sachen wie: lange ausschlafen, ein Bad genießen oder eine Fernsehserie schauen. Meine gesamte Liste steht auf meinem Blog, falls Sie nach Inspiration suchen!

Noch ein letzter Tipp, bevor Sie loslegen! Wenn man ausmistet, bleiben gewöhnlich einige Kleinigkeiten übrig. Immer. Und aus irgendeinem Grund ist es schwierig, für eben diese Kleinigkeiten einen Platz zu finden. Aber das ist wie beim Training. Das kleine Bisschen zusätzlicher Arbeit macht den Unterschied. Betrachten Sie ein Projekt nicht als beendet, bevor Sie nicht auch das letzte Eckchen geordnet haben!

OK. Los geht's!

Richtige Aufbewahrung — Richtige Struktur — Richtige Alltagsroutinen

Ordnung schaffen — Ordnung schaffen und erhalten — Ordnung erhalten

DIE PROJEKTLISTE FÜRS GANZE JAHR – WOCHE FÜR WOCHE

Streichen Sie die Projekte, die nicht zu Ihrem Zuhause passen und schreiben Sie dort Ihre eigenen hin. Genaueres unter Projekt 1.

WOCHE	PROJEKT	SAISON	FERTIG
1.	**Legen Sie Ihre eigene Prioritätenliste an**		
2.	**Stellen Sie Ausmistkörbe zu Hause auf**		
3.	Küche – Töpfe, Pfannen, Schüsseln		
4.	Küche – Glas, Besteck und Porzellan		
5.	Den Kühlschrank putzen und ordnen	✗	
6.	Den Gefrierschrank putzen und ordnen	✗	
7.	Aufbewahrung im Flur		
8.	Die Pinnwand oder Kühlschranktür aufräumen		
9.	Die Post ordnen		
10.	Das Kinderzimmer aufräumen		
11.	Die Besenkammer aufräumen		
12.	Frühjahrsputz	✗	
13.	Den Flur bereit machen	✗	
14.	Den Kleiderschrank bereit machen	✗	
15.	Die Sportsachen sortieren		
16.	Weg mit Papier- und Zeitungsstapeln		

| 1. | Legen Sie Ihre eigene Prioritätenliste an |

Die Prioritätenliste für Ihr Zuhause sollte alles umfassen, was wirklich genau in Ihrem Zuhause erledigt werden muss und was vielleicht nicht in diesem Buch auftaucht. Dann kombinieren Sie Ihre Prioritätenliste mit den übrigen Projekten im Buch.

Auf S. 122 können Sie Ihre eigene Liste anlegen. Notieren Sie, welche Problemstellen oder Störmomente es in Ihrem Zuhause gibt. Das kann alles Mögliche sein, von einer chaotischen Schublade bis zu Unordnung in der Speisekammer oder der Garage. Gehen Sie dann einmal durch alle Räume und ergänzen Sie die Liste nach Bedarf. Hier einige der Dinge, die Blogleser auf ihre Prioritätenliste geschrieben haben: Den Raum unter der Treppe aufräumen, Zimmertausch von Familienmitgliedern, die Mülltrennung praktisch organisieren, den Barschrank sortieren oder den Hintereingang.

Wohnen Sie mit jemandem zusammen? Bitten Sie ihn oder sie, dasselbe zu tun, auch Kinder, die groß genug sind. Es ist wichtig, dass jeder das selbst macht, dieser gemeinsame Durchgang ist die Grundlage dafür, dass Ihre Familie beim Aufräumen mitmacht. Der Schlüssel zu jedem Engagement ist schließlich immer die Beteiligung. Wenn alle in der Familie daran beteiligt sind, Ordnung zu schaffen, ist die Chance, dass sie auch dabei helfen, sie zu erhalten, viel größer!

Setzen Sie sich nun zusammen und lesen Sie sich Ihre Listen vor. Gibt es Punkte, die sich auf allen Listen finden? Dann erhalten diese die höchste Priorität. Auf S. 123 ist Platz für eine gemeinsame Prioritätenliste. Es kann sehr interessant sein, die Listen zu vergleichen.

Vielleicht empfinden Sie ganz unterschiedliche Dinge als störend? Auf jeden Fall ist das der Ausgangspunkt für Ihre Diskussion über die gemeinsame Prioritätenliste, von der Sie später dann ausgehen werden.

Denken Sie daran, die Projekte nicht zu groß werden zu lassen, sie sollten jeweils in einer Woche zu bewältigen sein. Eine Küche neu zu organisieren kann ein großes Projekt sein, das man besser in mehrere Arbeitsschritte aufteilt, wie z. B. den Kühlschrank aufräumen, die Speisekammer ausmisten usw. Ein Projekt muss außerdem nicht auf ein Zimmer beschränkt sein. Die Schuhe aufzuräumen kann viele Zimmer umfassen, je nachdem, wo man die Schuhe aufbewahrt. Wenn Ihre Liste am Schluss sehr lang ist, dann lassen Sie sich davon nicht entmutigen. Das Wichtigste ist, dass Sie Prioritäten gesetzt haben und mit dem Dringendsten beginnen. Vergessen Sie nicht, dass Sie dafür ein ganzes Jahr Zeit haben.

Die Listen kombinieren: Vergleichen Sie nun mit den Projekten im Buch. Stehen dort bereits einige Punkte? Dann können Sie das Projekt in der jeweils geplanten Woche umsetzen. Gibt es Projekte auf der Liste, die nicht zu Ihrem Zuhause passen? Streichen Sie das Projekt aus der Liste und tragen Sie Ihr eigenes ein.

Stehen auf der Liste mehr Projekte, die nicht zu Ihrem Zuhause passen, als sich Ersatzprojekte auf Ihrer eigenen Liste finden? Dann ersetzen Sie sie mit solchen Projekten, die man möglicherweise mehrmals jährlich wiederholen sollte, wie Papierstapel sortieren, die Pinnwand aktualisieren, das Kinderzimmer aufräumen oder alles an seinen Platz räumen. Oder aber Sie ruhen einfach eine Woche.

| 2. | Stellen Sie Ausmistkörbe zu Hause auf |

Um zu Hause Ordnung zu schaffen und beizubehalten ist es ganz entscheidend, regelmäßig auszumisten. Und um seine Sachen kontinuierlich loszuwerden, braucht man die richtigen Bedingungen. Sonst passiert es viel zu leicht, dass man einfach alles wieder in irgendeinen Schrank stopft oder es in den Müll wirft, anstatt es zu recyceln. Die besten Bedingungen schaffen Sie, indem Sie überall zu Hause »Ausmistkörbe« aufstellen, in denen Sie Dinge sammeln, die weg sollen. Sie haben doch auch einen Papierkorb, oder nicht? Genauso brauchen Sie ähnliche Körbe oder Kisten für andere Dinge, die aus dem Haus raus sollen – Kleider, Papier, Zeug – stellen Sie sie an verschiedenen Orten auf, bevor sie dann geleert werden.

Das Projekt diese Woche ist daher, nachzuschauen, ob Sie geeignete Ausmistkörbe haben. Manchmal ist es schwierig, einen Platz für all das zu finden, vor allem, wenn man beengt wohnt. Platz für Dinge zu schaffen, die eigentlich aus der Wohnung fliegen sollen, ist vielleicht das Letzte, das Sie machen wollen. Aber übergehen Sie diese Reinigungsstationen nicht, sie werden übers Jahr das Ausmisten der Zimmer sehr erleichtern. Wenn die Körbe voll sind, gehen Sie sie durch und werfen weg, recyceln, verschenken oder verkaufen, was Sie ausgemistet haben.

Verschenken: Wem wollen Sie Ihre Sachen schenken? Haben Sie Bekannte, denen Sie sie schenken möchten oder eine Lieblingswohltätigkeitsorganisation? Ein Verein, der sich um Flüchtlinge kümmert oder das örtliche Frauenhaus? Vielleicht gibt es auch eine Organisation, die größere Möbel und Ähnliches, was sonst schwer wegzubringen ist, zu Hause bei Ihnen abholt?

Verkaufen: Möchten Sie Ihre Sachen lieber in einem Secondhandladen, auf dem Flohmarkt oder im Internet verkaufen? Über eBay, Facebook, eine App oder andere Seiten? Entscheiden Sie sich und legen Sie dort ein Konto an oder laden Sie die App herunter, um Ihre Sachen zu verkaufen.

Wegwerfen: Textilien soll man nicht in den Haushaltsmüll werfen, sie sollten recycelt werden. Viele Ladenketten nehmen Altkleider an, die man nicht mehr verschenken oder verkaufen kann. Entscheiden Sie sich, wo Sie Ihre Altkleider abgeben möchten. Wenn Sie kein Auto haben und Hilfe beim Transport brauchen, gibt es Unternehmen, die dabei helfen. Viele Kommunen haben mobile Recyclingstationen, die ihren Standort immer wieder wechseln.

»Ich habe am Freitag dein Buch bekommen. Jetzt ordne ich und miste aus, und es läuft einfach toll. Danke!«
Hanna

☐ Schaffen Sie Platz für Kleider und Schuhe, die verkauft oder verschenkt werden sollen. Nutzen Sie dafür Platz im Kleiderschrank jedes Familienmitglieds. Am besten weit oben, wo man nicht oft hinreichen muss, aber die Sachen hineinwerfen kann. Oder ganz unten, in einer Schublade oder einem Korb. Legen Sie ein Kleidungsstück sofort dorthin, wenn Sie das Gefühl haben, dass es Ihnen nicht mehr gefällt. Was Kinderkleider angeht, ist es noch einfacher. Sobald Sie oder die Kinder merken, dass etwas zu klein ist, dann wird es in den Ausmistkorb im Schrank des Kindes geworfen. So misten Sie stetig aus und müssen nicht extra Zeit aufwenden, um die Kleider durchzugehen. Clever, nicht wahr?

☐ Schaffen Sie Platz für Dinge, die auf den Müll kommen. Nutzen Sie dafür Speisekammer, Keller oder Dachboden.

☐ Schaffen Sie Platz fürs Recycling. Altpapier kann man in einer Papiertüte sammeln, in einer Schublade ganz unten in einem Aktenschrank oder warum nicht auch in einem Zeitschriftenständer?

Glas, Metall und Plastik finden sich oft in Verpackungen und passen daher gut in die Küche, wo die meisten Verpackungen anfallen. Wenn unter der Spüle kein Platz ist, kann man z. B. den Mülleimer dort herausnehmen und stattdessen einen Treteimer auf den Fußboden stellen. Dann passt die Wertstoffsammlung dorthin, wo der Mülleimer war. Sollten die Recyclingcontainer etwas weiter entfernt liegen, brauchen Sie vielleicht eine größere Tonne als in die Küche passt. Mein Tipp dafür ist, einen kleineren Eimer in der Küche zu haben und ihn regelmäßig in die größere Tonne zu leeren.

Für Kompostmüll, egal, ob für die Bio-Tonne oder den eigenen Komposthaufen im Garten, braucht man in der Küche natürlich auch einen Eimer. Pfandflaschen und Batterien finden ihren Platz vielleicht in der Besenkammer oder der Speisekammer.

☐ Schaffen Sie Platz für Dinge, die Sie nicht vergessen dürfen, wenn Sie das Haus verlassen. Ein einfacher Korb oder ein Regal neben der Haustür, wohin man die Sachen legt, die man mitnimmt, wenn man aus der Tür geht, erleichtert vieles. Gewöhnen Sie sich an, dorthin zu sehen, bevor Sie hinausgehen, damit Sie auch an die Tüte mit den Altkleidern oder die Bücher, die zur Bibliothek müssen, denken.

Ein Karussell im Eckschrank nutzt den Platz optimal und die Dinge sind leicht erreichbar.

| 3. | Küche – Töpfe, Pfannen, Schüsseln |

Es ist sinnvoll, mit der Küche anzufangen. Da verbringen wir oft viel Zeit und man fühlt sich dort wohler und arbeitet besser, wenn alles gut organisiert ist. Aber eine Küche neu zu organisieren, ist ein großes Projekt, daher habe ich es in mehrere, kleinere Projekte aufgeteilt. Wir fangen mit den Schubladen und Schränken an, in denen Sie Töpfe, Pfannen, Schüsseln, Backformen und Küchengeräte aufbewahren.

Gibt es hier etwas, das Sie ganz besonders stört und verändert werden muss? Kann man etwas ausmisten, um mehr Platz zu gewinnen? Ist eine bessere Struktur nötig, damit die Dinge leichter zu finden sind? Oder geht es nur darum, die Ordnung, die eigentlich funktioniert, wiederherzustellen?

CHECKLISTE

☐ Machen Sie Platz auf der Arbeitsfläche und dem Esstisch, damit Sie alles aus den Schränken räumen können. Dadurch erhalten Sie einen Überblick, wodurch Sie die Sachen später besser in Gruppen ordnen können.

☐ Leeren Sie alle betroffenen Schubladen und Schränke.

☐ Gibt es Dinge, die eigentlich in diese Schubladen und Schränke gehören, für die aber aktuell kein Platz ist? Versuchen Sie beim Umsortieren, auch dafür Platz zu finden.

☐ Haben Sie manche Dinge unnötigerweise doppelt oder besonders viel von irgendetwas wie z. B. Kerzenständer, Kuchenformen, Töpfe o. Ä.? Misten Sie auch alles aus, was Sie nicht mehr benutzen.

☐ Steht ein Küchengerät draußen, das Sie gar nicht oft nutzen? Dann räumen Sie es weg. Halten Sie die Arbeitsfläche so frei wie möglich und stellen Sie dort nur Dinge hin, die Sie täglich benutzen.

☐ Können manche Sachen woanders hin? Die Bowleschüssel oder das Fondue-set z. B.?

☐ Schrank oder Schubladen putzen.

☐ Gibt es Dinge, die Ihnen nicht mehr gefallen, weil sie verbraucht oder kaputt sind? Vielleicht ist es Zeit, sie wegzuwerfen und durch etwas Neues zu ersetzen? Schreiben Sie eine Liste, was neu gekauft werden soll.

☐ Sind Sie mit der Struktur, wie sie vorher war, zufrieden oder lässt sich doch manches besser einräumen, damit man leichter herankommt? Jetzt haben Sie die Chance, die Ordnung in Ihren Schubladen und Schränken zu ändern.

☐ Räumen Sie alle Dinge gemäß der neuen Ordnung wieder ein.

☐ Notieren Sie das, was ausgemistet wurde, um verschenkt, verkauft oder weggeworfen zu werden, auf der Ausmistliste (S. 120).

4.   Küche – Glas, Besteck und Porzellan

Wir machen in der Küche weiter, mit allem, worauf oder womit wir essen und trinken. Hier müssen Sie vielleicht keine neue Struktur finden, sondern vor allem aussortieren und putzen. Aber auch das macht einen großen Unterschied, es fühlt sich einfach gut an, wenn alles sauber und frisch ist.

CHECKLISTE

☐ Leeren Sie die Besteckschubladen und putzen Sie sie.

☐ Gehen Sie das Besteck durch. Haben Sie von irgendetwas zu viel? Wie viele Flaschenöffner und Sparschäler brauchen Sie? Wenn Sie zu viele haben, sortieren Sie die ältesten aus. Fehlt etwas oder muss ersetzt werden? Stellen Sie eine Einkaufsliste zusammen.

☐ Suchen Sie alle Messer zusammen und sortieren Sie sie. Gibt es welche, die Sie gar nicht benutzen? Weg damit! Müssen welche geschärft werden? Dann tun Sie das!

☐ Nehmen Sie alle Teller und Schüsseln heraus und putzen Sie den Schrank oder die Schublade, in der sie standen.

☐ Gehen Sie die Teller durch. Sind manche gerissen? Gibt es welche, die sie nicht benutzen oder mögen? Misten Sie sie aus.

☐ Nehmen Sie Gläser und Becher aus dem Regal. Putzen Sie das Regal.

☐ Gehen Sie alle Gläser und Becher durch. Gibt es welche, die Risse haben oder abgestoßen sind? Gefallen Ihnen manche nicht mehr? Misten Sie aus. Überlegen Sie auch, wie viele Gläser und Becher Sie überhaupt brauchen.

☐ Jetzt haben Sie die Chance, Ihre Schubladen und Regale neu zu ordnen. Kann etwas an einen logischeren Platz umziehen, je nachdem, wie oft Sie es benutzen?

☐ Stellen Sie alles zurück. Es wirkt doch bestimmt frischer und sieht einheitlicher aus?

☐ Sortieren Sie die ausgemisteten Sachen danach, was verschenkt, verkauft oder weggeworfen werden soll.

5.   Den Kühlschrank putzen und ordnen

An keinem anderen Ort zu Hause ist es rein ökonomisch so sinnvoll, Ordnung zu halten wie im Kühlschrank. Herrscht Enge und Durcheinander in Ihrem Kühlschrank, kaufen Sie vielleicht Lebensmittel, die bereits vorhanden sind und merken nicht, welche bald ablaufen.

CHECKLISTE

☐ Leeren Sie den Kühlschrank – komplett. Schummeln Sie dabei nicht.

☐ Entfernen Sie die Regalböden und waschen Sie sie. Tipp: Kleben Sie kleine Post-it-Zettel in den Kühlschrank, um zu markieren, auf welcher Höhe die Regalböden sich befinden.

☐ Kontrollieren Sie das Verfallsdatum auf allem, was im Kühlschrank stand. Probieren Sie das, was abgelaufen ist, und werfen Sie Schlechtes weg.

☐ Gibt es mehrere Packungen desselben Lebensmittels, die alle offen sind? Füllen Sie alles in eine Packung, wenn die Verfallsdaten ähnlich sind.

☐ Gibt es große Verpackungen mit wenig Inhalt? Wenn möglich, füllen Sie alles in kleinere Gefäße.

☐ Sortieren und gruppieren Sie Ihre Lebensmittel nach Kategorien. Die unterschiedlichen Gruppen können z. B. Milchprodukte, Brotaufstriche, Fleisch, Fisch, Marmelade, Oliven- und Pestogläser etc. sein. Ein Tipp ist, kleinere Boxen oder eckige Gefäße in den Kühlschrank zu stellen. Wenn man eine für alle Brotaufstriche hat, ist es leicht, alles auf einmal herauszunehmen.

☐ Stellen Sie im Kühlschrank die richtige Temperatur ein, die darf maximal 8° betragen, aber 5° werden von Behörden empfohlen, weil die Lebensmittel sich länger halten, wenn es kälter ist.

☐ Überlegen Sie sich genau, wo Sie was hinstellen. Denken Sie daran, dass die Glasplatte über dem Gemüsefach am kältesten ist, und die Temperatur in der Tür oft etwas schwankt. Fleisch, Fisch oder Wurst gehört daher nicht in die Tür. Und legen Sie Obst und Gemüse, das empfindlich auf zu große Kälte reagiert, ganz unten hin. Ein weiterer Tipp ist, etwas Platz für ein »Akutregal« frei zu halten, wo man Dinge hinstellt, die schon bald ablaufen. Schauen Sie zunächst dorthin, wenn Sie die nächste Mahlzeit planen.

☐ Räumen Sie alle Dinge nach der neuen Ordnung wieder ein.

☐ Markieren Sie die Regale am besten mit Post-it-Zetteln, um sich schneller an die neue Ordnung zu gewöhnen.

☐ Probieren Sie ein paar Tage, ob die neue Ordnung funktioniert. Wenn ja, können Sie auch endgültige Markierungen mit einem Permanentmarker, wie Edding, anbringen.

Haushaltstipp!

Wenn Ihr Kühlschrank schon mal schlecht gerochen hat, stellen Sie eine kleine Schale mit 2 Esslöffeln gemahlenem Kaffee hinein, das neutralisiert den Geruch.

Haushaltstipp!
Schneiden Sie überreife
Bananen klein und legen
Sie sie in den Gefrier-
schrank, um sie später zu
Smoothies zu verarbeiten.
So schmecken sie
wirklich lecker!

6.   Den Gefrierschrank putzen und ordnen

Einmal im Jahr muss man den Gefrierschrank abtauen und durchsehen, und wo wir gerade dabei sind, bietet es sich an, ihn gleich auch noch neu zu ordnen, um alles schneller und einfacher zu finden. Ein weiterer, positiver Nebeneffekt ist, dass ein Gefrierschrank ohne Eis weniger Strom verbraucht und die Lebensmittel kälter bleiben.

CHECKLISTE

☐ Schauen Sie sich Ihre Liste auf S. 120 an und suchen Sie sich eine Belohnung für dieses Projekt aus!

☐ Schalten Sie den Gefrierschrank aus und leeren Sie ihn komplett.

☐ Stellen Sie die Lebensmittel nach draußen, auf Ihren Balkon oder Ihre Terrasse. Oder packen Sie sie in Kühlboxen.

☐ Wenn Ihr Gefrierschrank keine Automatik hat, müssen Sie ihn selbst abtauen. Legen Sie ein Backblech vor dem Gefrierschrank auf den Boden, darunter ein Frotteehandtuch oder ein Abtautuch, um das Schmelzwasser aufzufangen.

☐ Zum schnelleren Abtauen können Sie Töpfe mit kochend heißem Wasser hineinstellen und nach und nach austauschen. Entfernen Sie das Eis, sobald es sich löst, aber benutzen Sie dafür keine spitzen Werkzeuge.

☐ Putzen Sie den abgetauten Gefrierschrank samt den Plastikschubladen. An den Wänden, Regalböden und Gummileisten sammelt sich Schmutz. Wenn der Gefrierschrank schlecht riecht, kann man ihn mit Essigwasser reinigen, das den Geruch gründlich entfernt.

☐ Gehen Sie die Lebensmittel aus dem Gefrierschrank durch. Werfen Sie die alten weg.

☐ Lassen sich manche Lebensmittel in kleinere Packungen umpacken, um Platz zu sparen? Dann tun Sie das.

☐ Schreiben Sie auf die Gefrierboxen, was sich darin befindet. Denken Sie daran, zukünftig alles, was Sie einfrieren, mit einem Datum zu versehen.

☐ Sortieren Sie die Lebensmittel in so viele Gruppen, wie es Schubladen gibt, dadurch gewinnen Sie viel Zeit und sparen Strom, weil Sie nicht mehr so lange suchen müssen. Man kann die Dinge z.B. so ordnen: Fisch/Fleisch, Fertiggerichte/Selbstgekochtes, Obst/Gemüse, Brot, Eis/Kuchen.

☐ Schreiben Sie auf die Gefrierfächer, was sich darin befindet. Dafür können Sie einen Papierstreifen mit Klebeband festkleben.

☐ Schalten Sie den Gefrierschrank wieder an und schieben Sie die Schubladen ein. Räumen Sie die Lebensmittel gemäß der neuen Ordnung ein.

☐ Wenn Sie nicht allein wohnen, gehen Sie die neue Ordnung mit allen durch.

7.   Aufbewahrung im Flur

Den Flur aufgeräumt und ordentlich zu halten ist für viele die größte Herausforderung. Wenn wir nach Hause kommen, wollen wir sofort alles von uns abwerfen und weitergehen, wenn wir rausgehen, wollen wir unsere Sachen schnell finden und direkt aus der Tür. Wir nehmen uns nie wirklich Zeit, uns um die dortigen Dinge zu kümmern, stattdessen bleiben sie oft als Durcheinander liegen.

Bei diesem Projekt geht es darum, sich die Aufbewahrung im Flur anzusehen. Mit ein paar einfachen Mitteln können Sie die Voraussetzungen schaffen, um es allen in der Familie leichter zu machen, schnell Jacken und Taschen aufzuhängen und Schuhe wegzustellen. Die Lösung ergibt sich oft, wenn man nachschaut, ob manche Dinge aus dem Flur nicht besser woanders aufbewahrt werden, sodass die Dinge, die man täglich braucht, mehr Platz bekommen. Man muss z. B. nicht das ganze Jahr über Sommer- und Winterjacken im Flur aufhängen. Räumen Sie die, die nicht zur Jahreszeit passen, weg. Eine umfassende, jahreszeitliche Ordnung gehen wir in der Woche 13 an.

CHECKLISTE

☐ Überlegen Sie sich eine Belohnung, um zu feiern, wenn Sie fertig sind.

☐ Überlegen Sie, was in Ihrem Flur nicht richtig klappt. Liegen immer Kleider auf dem Boden? Fallen Dinge von der Hutablage? Fehlt ein Platz für Dinge, die Sie ablegen wollen, wenn Sie nach Hause kommen? Schreiben Sie alles auf, was im Flur stört.

☐ Stehen immer zu viele Schuhe im Flur? Überlegen Sie, welche man woanders aufbewahren kann. Festliche Schuhe können vielleicht in den Kleiderschrank? Turnschuhe in eine Sporttasche? Gruppieren Sie die Schuhe, die oft getragen werden, nach dem Besitzer. Haben Sie genug Platz dafür? Wenn nicht, dann ändern Sie das. Eine Sitzkommode, ein Schuhschrank, eine Hängeaufbewahrung für Schuhe oder ein hohes Schuhregal, sind ein paar clevere Möglichkeiten. Wenn man die Schuhe abwechselnd mit dem Absatz nach vorn und nach hinten ins Regal stellt, spart man auch Platz.

☐ Herrscht auf Ihrer Hutablage immer Chaos? Sortieren Sie das, was dorthin soll, in Gruppen und besorgen Sie sich Körbe. Beschriften Sie die Körbe, z. B. Mützen, Handschuhe, Schals, Schirme, damit man schnell findet, was man sucht. Oder teilen Sie jedem Familienmitglied eine eigene Kiste für seine Handschuhe und Mützen zu.

☐ Nutzen Sie auch die Wände als Stauraum. Befestigen Sie Haken für Helme, Schirme, Handtaschen, Rucksäcke und Ranzen. Idealerweise mit ganz festen Plätzen, so dass jeder einen Haken in passender Höhe bekommt. Denken Sie auch an ein paar hübsche, zusätzliche Haken für Gäste.

→

Haken und
kleine Körbe sind
ideal für alles, was
Sie schnell ablegen
möchten.

Kleine Dosen
sind praktisch,
um Kleinkram
aufzubewahren.

☐ Ihre Schlüssel sollten an einer bestimmten Stelle aufgehängt werden, damit Sie nicht danach suchen müssen, wenn Sie es eilig haben. Bringen Sie auch dafür extra Haken an oder einen Schlüsselschrank oder hängen Sie sie an die Hutablage. Hauptsache, die Schlüssel haben einen festen Platz.

☐ Gibt es Dinge, die Sie sofort loswerden wollen, wenn Sie nach Hause kommen? Stellen Sie einen kleinen Korb oder eine Schale hin, in die Sie alles direkt ablegen können. Möchten Sie Münzen, Kopfhörer oder Geldbeutel im Flur lassen? Kaufen Sie sich passende Schalen oder Kisten, die nett aussehen, dann wird daraus ein schönes Einrichtungsdetail anstelle eines chaotischen Haufens Kleinkram.

☐ Landet Ihre Post immer im Flur, bis Sie sie durchsehen? Geben Sie auch ihr einen festen Platz samt hübscher Aufbewahrung, damit sie nicht unordentlich herumliegt.

☐ Möchten Sie sich gern an etwas erinnern, bevor Sie hinausgehen? Hängen Sie eine kleine Tafel innen an die Tür oder direkt daneben.

☐ Haben Sie einen Korb im Flur, für Sachen, die raus sollen? Wenn nicht, dann wird's jetzt Zeit. Hier können Sie auch abends Dinge hineinlegen, die die Kinder am nächsten Morgen mit in Kita oder Schule nehmen sollen.

☐ Gibt es etwas, das Sie im Flur lagern müssen, wie z. B. Fahrradzubehör? Sammeln Sie alles an einer Stelle.

☐ Schauen Sie sich noch mal Ihre Liste von Punkt 2 an. Stellen Sie sich und den anderen in der Familie Fragen, um eine Lösung für die letzten Probleme zu finden. Die könnten z. B. so lauten: Warum ist der Flur unordentlich? Weil immer Jacken auf dem Boden liegen. Warum werden die nicht aufgehängt? Weil es Kinderjacken sind und Kinder ihre Jacken immer auf den Boden werfen. Warum werfen die Kinder ihre Jacken immer auf den Boden? Weil sie sie nicht selbst aufhängen können. Warum können sie sie nicht selbst aufhängen? Weil sie nicht an den Haken kommen. Also gilt es, Haken in passender Kinderhöhe anzubringen!

»Wie leicht alles plötzlich ging … es lief super mit einem Projekt pro Woche, auf das sicher viele andere zusammen mit mir gewartet haben.« Lilli

10.   Das Kinderzimmer aufräumen

Kinderzimmer sind eine echte Herausforderung. Dort finden sich schließlich so viele und oft kleine und sehr unterschiedliche Dinge, für die man einen Platz finden muss. Und man muss sich ständig neue Aufbewahrungsmethoden einfallen lassen, weil nirgendwo sonst zu Hause so schnell neues Zeugs auftaucht wie im Kinderzimmer.

CHECKLISTE

☐ Setzen Sie Grenzen. Wenn das Aufräumen des gesamten Kinderzimmers zu viel ist, können Sie es aufteilen.

☐ Leeren Sie alle Schränke und Regale usw. und putzen Sie sie.

☐ Gehen Sie alle Sachen durch und misten Sie aus. Werfen Sie Müll weg.

☐ Entfernen Sie kaputte Spielsachen und solche, mit denen Ihr Kind nicht mehr spielt.

☐ Gehen Sie die Bücher durch und entfernen Sie die, aus denen Ihr Kinder sozusagen rausgewachsen ist.

☐ Gehen Sie die Malbücher durch, die Ihr Kind bereits gefüllt hat. Misten Sie Stifte und Kreide aus.

☐ Sortieren Sie Puzzle, Spiele und Bastelkram aus.

☐ Misten Sie die Kinderzeichnungen aus und heben Sie die schönsten in Plastikhüllen in einem Ordner auf. Organisieren Sie sie am besten chronologisch, es macht Spaß, beim Durchblättern zu sehen, wie sich das Kind entwickelt. Bestimmen Sie einen festen Platz für Kinderzeichnungen und andere Kunstwerke, die das Kind noch sehen möchte.

☐ Sortieren Sie alles danach, was zusammengehört: Puzzle, Bastelzubehör, Zuggleise, Lego, Puppen, Zeichen- und Malsachen, Zeichnungen, Sportsachen, diverse Sammlungen.

☐ Überlegen Sie sich, wo die einzelnen Dinge am besten stehen, damit das Kind leicht herankommt. Fehlt Stauraum? Regalteiler können mehr Platz schaffen. Haken, um Dinge daran zu hängen, können auch helfen, den Boden frei zu bekommen. Sie können sogar an der Tür Sachen aufhängen.

☐ Fehlen noch Lösungen für Kleinkram? Schaffen Sie kleine Kisten an, um die Schubladen weiter zu unterteilen.

☐ Räumen Sie alles gemäß der neuen Ordnung wieder ein.

☐ Gehen Sie die neue Ordnung mit Ihrem Kind durch.

☐ Sortieren Sie alles, was ausgemistet wurde danach, ob es verschenkt, verkauft oder weggeworfen wird.

Tipp! Tauschen Sie die Spielsachen im Kinderzimmer aus. Stellen Sie ein paar z. B. auf den Dachboden. Vielleicht können Sie daraus ein lustiges, monatliches Ritual machen, bei dem die Spielsachen ihren Platz tauschen? Dadurch entdeckt das Kind seine Sachen immer wieder neu.

An der Kinderzimmertür kann man z. B. Plüschtiere aufhängen. So bekommt man einen guten Überblick!

11. Die Besenkammer aufräumen

Die Besenkammer oder der Abstellraum gehören zu den schwierigsten Räumen im Haus – normalerweise sind sie total vollgestopft. Kaum dass man die Tür öffnet, fällt alles Mögliche heraus. Wenn man denn überhaupt eine Besenkammer hat. Aber meist ist das ein sehr kleiner Raum, in den man alles, vom Staubsauger, Eimer und Wischmopp, über Bügelbrett und -eisen bis hin zu Reinigungsmitteln hineinzuquetschen versucht. Eben deswegen ist es besonders wichtig, diesen Platz optimal zu nutzen. Gehen wir das also direkt am Anfang des Jahres an, bevor Sie für die meisten der Projekte dieses Jahres Ihre Putzsachen brauchen.

CHECKLISTE

☐ Leeren Sie die Besenkammer, den Abstellraum oder wo Sie eben alles zum Putzen aufbewahren.

☐ Putzen Sie die Kammer.

☐ Überlegen Sie, ob alles, was Sie hier aufbewahren auch wirklich hierhin gehört oder besser woanders gelagert wird. Suchen Sie für diese Dinge einen neuen Platz.

☐ Wenn Sie noch etwas Neues in der Besenkammer aufheben wollen, dann holen Sie es jetzt. Normalerweise gehört Folgendes in einen Abstellraum: Staubsauger, Wischmopp, Staubwedel, Fensterputzer, Lappen, Reinigungsmittel, Staubsaugerbeutel und Mülltüten.

☐ Überlegen Sie, wie Sie die Höhe und Tiefe der Kammer besser ausnutzen, indem Sie vielleicht stapelbare Schubladen anschaffen.

☐ Können Sie die Wände nutzen und dort Haken, Regale oder Körbe anbringen?

☐ Können Sie innen an der Tür eine Stange, Haken oder Körbe festmachen?

☐ Es gibt extra Aufhänger für Staubsauger und Bügelbretter, die man an der Wand befestigen kann.

☐ Besorgen Sie, was Sie brauchen, um alles optimal zu lagern. Vergessen Sie nicht zu messen, wie viel Platz Sie haben, und nehmen Sie ein Maßband mit ins Geschäft.

☐ Gehen Sie alles durch, womit Sie putzen. Ist etwas abgenutzt und sollte ersetzt werden? Dann tun Sie das. Ist etwas fast leer? Schreiben Sie es auf Ihre Einkaufsliste.

☐ Stellen Sie alles an seinen neuen Platz.

☐ Beschriften Sie alles, was möglich ist, damit Sie die neue Ordnung leichter beibehalten.

☐ Gehen Sie alles mit der restlichen Familie durch, damit alle wissen, was sie ab jetzt wo finden und wohin sie es stellen sollen.

Mit einem mobilen Putzwagen kann man leicht alles zum Putzen aus der engen Kammer ziehen.

12.	Frühjahrsputz

Es ist doch wunderschön, wenn es Frühling wird! Endlich wieder mehr Wärme und Sonne! Und das Licht zeigt einem meist, dass es Zeit für den Frühjahrsputz ist ... Wenn man den Frühjahrsputz als ein Willkommensritual für den Frühling ansieht, macht es richtig Spaß – besonders, wenn man an das Gefühl danach denkt, wenn alles blitzblank sauber und duftend ist. Aber was genau zum Frühjahrsputz gehört, ist bei jedem unterschiedlich. Was gehört für Sie dazu? Bei diesem Projekt wird nur drinnen geputzt. Um das Draußen kümmern wir uns in ein paar Wochen. Fotografieren Sie doch etwas, das Sie nach dem Frühjahrsputz besonders stolz macht oder Ihnen extra viel Energie gibt.

CHECKLISTE

☐ Suchen Sie sich eine inspirierende Belohnung aus!

☐ Beschließen Sie, was bei Ihnen geputzt werden soll. Jenseits der üblichen Grundreinigung kann das z. B. Folgendes sein:

☐ Die Fenster putzen und schön dekorieren.

☐ Die Gardinen waschen und austauschen.

☐ Überall Staub wischen.

☐ Lampen, Gardinenstangen, Bilderrahmen, Fußleisten und Steckdosen abstauben.

☐ Türen und Türrahmen abwischen.

☐ Heizkörper abwischen.

☐ Das Sofa absaugen und wenn nötig den Bezug waschen.

☐ Staubsaugerbeutel austauschen.

☐ Kissen, Matratzen und Zudecken lüften.

☐ Fliesen im Badezimmer putzen.

☐ Backofen und Mikrowelle reinigen.

☐ Teppiche waschen.

☐ Eventuell etwas, das es nötig hat, frisch anstreichen.

☐ Für Ostern schmücken.

13. Den Flur bereit machen

In den meisten Fluren ist der Platzmangel das Problem. Hoffentlich ist Ihr Flur nach dem Projekt von Woche sieben jetzt besser organisiert. Es ging darum, die Aufbewahrung im Flur zu optimieren und mehr Platz für das zu schaffen, was oft genutzt wird und gerade Saison hat. Damit der Flur auch jahreszeitlich passend eingerichtet ist, muss man ihn auf jeden Fall zweimal jährlich durchgehen, im Frühling und im Herbst. Jetzt geht es auf den Sommer zu, und es ist an der Zeit, die Wintersachen wegzupacken und die Frühlings- und Sommerkleider herauszuholen. Dadurch ändert sich meist auch die Farbe im Flur und ein wunderbares Frühlingsgefühl breitet sich aus.

CHECKLISTE

☐ Entfernen Sie alles aus dem Flur, das zum Winter gehört: Mäntel, Jacken, Handschuhe, Winterschuhe und auch Wintersportausrüstung. Wenn es immer noch etwas kalt ist, können Sie zur Sicherheit eine wärmere Jacke hängen lassen.

☐ Nutzen Sie die Gelegenheit zum Staubsaugen und zum Aufräumen und Abstauben der Hutablage und anderer Regale.

☐ Hängen Sie Frühlings- und Sommerkleidung auf. Wenn es richtig hübsch werden soll, dann sortieren Sie sie nach Farbe, aber das ist nur das I-Tüpfelchen.

☐ Stellen Sie Frühlings- und Sommerschuhe heraus. Holen Sie Frühlings- und Sommeraccessoires heraus. Wenn ein paar Körbe auf der Hutablage leer sind, nachdem Handschuhe und Mützen verschwunden sind, können Sie dort die Sonnenbrillen aufheben, entweder in ihrem Etui oder aber sie hängen Sie an den Korbrand. Sortieren Sie die auch und misten Sie gegebenenfalls aus.

Leider sind Sie noch nicht fertig. Am besten geht man auch noch die Winterkleider und -accessoires durch und sortiert aus.

☐ Misten Sie einzelne Handschuhe ohne Partner aus sowie Schuhe, Mützen und Jacken, die kaputt sind. Waschen und trocknen Sie den Rest.

☐ Egal, ob Sie die Jacken, Mützen und Handschuhe auf dem Dachboden oder im Keller aufbewahren, tun Sie das am besten in Vakuumbeuteln. Dadurch nehmen Sie keinen Geruch an und sind vor Schadinsekten geschützt, außerdem brauchen sie weniger Platz. Die besten Vakuumbeutel sind die, aus denen man mit einem Staubsauger die Luft ziehen kann. Wenn Sie Ihre Winterjacken lieber aufhängen möchten, dann nutzen Sie einen Kleidersack oder Stoffschrank.

☐ Packen Sie die Wintersachen in beschriftete Schubladen. Schlittschuhe und Helme können Sie die an einer Stange oder an Haken aufhängen, wenn Sie ein Gitter im Lagerraum haben, dann auch an S-Haken.

Rein mit dem Frühling

Raus mit dem Winter

Tipp! Geben Sie das, was Sie ausgemistet haben, in einem Sportartikelladen ab, der so etwas zum Recyceln annimmt. Wenn Sie noch gutes Wintersportzubehör abgeben möchten, ist es besser, alles bis zum Herbst zu Hause aufzubewahren, weil die Geschäfte die Sachen vorher sowieso nicht verkaufen können.

| 14. | Den Kleiderschrank bereit machen |

Natürlich wird auch der Kleiderschrank sommerfein gemacht! Es ist sinnlos, im Sommer Zeit zu verlieren, weil man sich durch die gesamte Wintergarderobe wühlen muss. Dadurch sehen wir uns an ihnen satt und haben im Winter dann keine Lust mehr auf sie. Es ist einfach keine gute Idee, dass diese Kleider Platz im Kleiderschrank wegnehmen, wenn man sie gar nicht benutzt. Außerdem fällt es dadurch schwerer, aus den Kleidern auszuwählen, die tatsächlich gerade Saison haben. Und schließlich hat nicht jeder Platz für Kleider aller Jahreszeiten in seinem Kleiderschrank. Die Lösung für all das ist das jahreszeitliche Ausmisten!

CHECKLISTE

☐ Überlegen Sie sich eine schöne Belohnung als Ansporn. Schauen Sie auf Ihre Liste von S. 120.

☐ Grenzen Sie Ihre Aufgabe ein: Gehen Sie Ihren eigenen Kleiderschrank durch oder auch den Ihrer Kinder? Ihr Partner sollte sich am besten selbst um seinen kümmern, oder vielleicht machen Sie es gemeinsam, als Familienaktivität?

☐ Wenn Sie die Veränderung gern dokumentieren, machen Sie ein Bild des Kleiderschranks, bevor Sie ihn ausmisten.

☐ Suchen Sie einen Platz für die Kleider. Das kann auf dem Bett oder auf dem Boden sein, wichtig ist nur, dass Sie einen Überblick über alles bekommen und dass man schnell ein- und ausräumen kann.

☐ Leeren Sie den Kleiderschrank komplett. Putzen Sie alle Oberflächen.

☐ Gehen Sie die Kleider durch und sortieren Sie alles aus, was Sie nicht mehr tragen.

☐ Misten Sie die Kleiderbügel aus. Schmeißen Sie die kaputten und die, die Sie gar nicht nutzen raus. Wenn Sie gern möchten, dass Ihr Kleiderschrank einheitlich aussieht, dann sammeln Sie passende Kleiderbügel.

☐ Legen Sie Kleider zusammen, die Sie ausschließlich im Herbst oder Winter tragen.

☐ Wenn Sie gern ein paar warme Sachen bereithalten wollen, können Sie die auf ein Regal beiseitelegen.

☐ Packen Sie alle reinen Herbst- und Winterkleider in Vakuumbeutel. Das spart Platz und schützt die Kleider vor Geruch und Insekten. Bringen Sie sie in den Keller oder auf den Speicher. Legen Sie sie in Umzugskartons oder Kisten und beschriften Sie sie, damit Sie die Dinger leichter finden, wenn es wieder kalt wird.

☐ Jetzt sind die Frühlings- und Sommerkleider dran. Holen Sie sie heraus und wenn nötig waschen und bügeln Sie sie.

→

17.   Frühjahrsputz draußen

Ein paar Wochen nach dem Frühjahrsputz drinnen ist es etwas wärmer geworden und Zeit, sich draußen umzusehen. Der Balkon und die Terrasse sollten für Frühling und Sommer bereit gemacht werden, damit wir sie nutzen können. Und wenn Sie einen Garten haben, sollten Sie jetzt Ihre Geräte und Werkzeuge überprüfen.

CHECKLISTE DRAUSSEN

☐ Schauen Sie sich den Boden des Balkons oder der Terrasse an. Muss der gekehrt, gescheuert oder eingeölt werden?

☐ Sind Ihre Gartenmöbel mit einer Plane bedeckt? Nehmen Sie sie weg oder holen Sie die Gartenmöbel aus dem Keller oder wo sie sonst über Winter gestanden haben.

☐ Müssen Sie die Gartenmöbel abwaschen oder ölen? Die Sitzkissen waschen?

☐ Haben Sie den Balkon oder die Terrasse als Lager für Dinge genutzt, die im Sommer nicht dorthin gehören? Bringen Sie die dorthin, wo sie hingehören.

☐ Säubern Sie die Wände von Spinnweben u.ä. Wischen Sie die Fensterbänke ab.

☐ Stellen Sie den Grill nach draußen und überprüfen Sie ihn. Muss der Rost saubergemacht werden? Muss der Kohle- oder Gasvorrat aufgefüllt werden?

☐ Stellen Sie die Pflanzen hinaus, die im Keller oder sonstwo überwintert haben. Topfen Sie Pflanzen um oder kaufen Sie neue.

☐ Holen Sie Decken, Kissen, Lampen, Teppiche usw. heraus, die normalerweise auf dem Balkon oder der Terrasse sind.

☐ Überprüfen Sie die Aufbewahrungsmöglichkeiten draußen. Eine ordentliche Kiste für Kissen, Kinderspielzeug, Grillzubehör usw. ist praktisch. Geschlossen dient sie als Sitzgelegenheit.

CHECKLISTE GARTEN

☐ Räumen Sie im Geräte- oder Gartenhaus und im Schuppen auf, putzen Sie und werfen Sie alles, was kaputt ist, weg.

☐ Überprüfen Sie die Gartengeräte. Muss das Rad der Schubkarre aufgepumpt werden, die Gartenschere geschliffen und der Wasserschlauch entwirrt werden?

☐ Überprüfen Sie die elektrischen Werkzeuge wie Rasenmäher und Säge.

☐ Müssen Sie Verbrauchswaren wie Erde, Dünger oder Gartenhandschuhe neu kaufen?

☐ Jetzt sind Sie bereit für die Gartenarbeit der Saison. Womit belohnen Sie sich?

18.   Frühjahrsputz Auto/Fahrrad

Auch das Auto bedarf regelmäßiger Pflege, mindestens einmal im Jahr sollte es innen und außen einen Frühjahrsputz erhalten. Es ist schön, wenn es zum Frühling sauber und ordentlich ist. Mit allem Schotter, Laub und Müll wäscht man den Winter weg. Wenn Sie kein Auto besitzen, dann vielleicht ein oder mehrere Fahrräder. Auch die sollten zum Frühling extra gepflegt werden.

CHECKLISTE AUTO

☐ Waschen Sie den Wagen von außen.

☐ Räumen Sie allen Müll, der vielleicht im Auto herumliegt, weg. Nehmen Sie die Bodenmatten heraus, staubsagen und reinigen Sie sie. Staubsaugen Sie den Boden und die Sitze und eventuell auch die Kindersitze.

☐ Misten Sie alle Fächer im Auto aus und reinigen Sie sie.

☐ Das Folgende ist praktisch im Handschuhfach: Formular für Schadensmeldung + Stift, Taschenlampe, Feuchttücher, Autoladegerät fürs Handy, Freisprechanlage, ein Tuch, um Fenster und Spiegel zu putzen, Parkscheibe, Straßenatlas. Ergänzen Sie, was fehlt.

☐ Putzen Sie alle Knöpfe mit einer weichen Zahnbürste oder einer Make-up-Bürste.

☐ Putzen Sie die Autoscheiben innen mit Fensterputzmittel und einem Antibeschlagtuch, einem Stück Laken oder einem alten T-Shirt.

☐ Leeren Sie den Kofferraum, sortieren Sie Müll und alles, was nicht dorthin gehört, aus. Staubsaugen und säubern Sie den Kofferraum.

☐ Überprüfen Sie, ob Sie Folgendes im Kofferraum haben: Reserverad (kontrollieren Sie die Luft), Warndreieck, Abschleppseil, Startkabel, Verbandskasten (kontrollieren Sie den Inhalt), Decke, extra Scheibenwaschflüssigkeit, Eiskratzer, Bürste, Warnweste und Wagenheber.

☐ Wechseln Sie zu Sommerreifen, wenn das Wetter entsprechend ist.

CHECKLISTE FAHRRAD

☐ Waschen Sie das Fahrrad.

☐ Pumpen Sie die Reifen auf und reparieren Sie eventuell Löcher.

☐ Ölen Sie die Kette.

☐ Testen Sie, ob Vorder- und Rücklicht funktionieren. Wechseln Sie eventuell die Batterie.

☐ Kontrollieren Sie die Bremsen.

☐ Überprüfen Sie, ob das Schloss funktioniert.

☐ Überprüfen Sie, ob alle passende Fahrradhelme haben.

Die wichtigste Voraussetzung, um eine haltbare Ordnung zu Hause zu schaffen, ist, dass alles seinen festen Platz hat. Dann findet man schnell, was man sucht, und man weiß, wohin man die Sachen räumen muss, wenn man sie nicht mehr benötigt. Wir haben schon einiges geschafft (Stichwort Papierstapel!), und diese Woche gilt es nun, sich zu Hause umzusehen und festzuhalten, welche Dinge noch keinen festen Platz haben und einen für sie zu finden. Das kann ein großes oder ein kleines Projekt sein, je nachdem, wie viele Dinge noch einen festen Platz brauchen.

CHECKLISTE

☐ Suchen Sie sich eine Belohnung von Ihrer Liste aus.

☐ Grenzen Sie ein: Kümmern Sie sich um ein Zimmer oder schaffen Sie es, sich um die ganze Wohnung zu kümmern?

☐ Sehen Sie sich um: Was liegt da herum und bringt Unordnung? Warum? Liegt es daran, dass es dafür keinen Platz gibt? Oder daran, dass jemand es nicht zurückgelegt hat? (Zeitungs- und Papierstapel finden Sie hoffentlich keine mehr, da wir die bereits beseitigt haben. Sollten Sie die Projekte in einer anderen Reihenfolge machen, können Sie die Papierstapel erstmal beiseitelassen. Gehen Sie zum Projekt der Woche 17, wenn Sie bereit dafür sind.)

☐ Wenn Dinge keinen festen Platz haben, dann muss man einen finden. Um einen guten Platz zu finden, denken Sie an Folgendes:

Gehören die Dinge zu etwas anderem? (Glückwunschkarten kann man z. B. zusammen mit Geschenkpapier aufheben.)

Werden die Dinge an einer bestimmten Stelle benutzt? (Wenn Ihre Kinder immer im Wohnzimmer Hausaufgaben machen, kann es sinnvoll sein, dort eine Schublade für Bücher, Block und Stifte zu reservieren.

Gehören die Dinge einer bestimmten Person?

Werden die Dinge zu einer bestimmten Jahreszeit genutzt?

Werden die Dinge zu bestimmten Gelegenheiten genutzt?

Muss etwas repariert werden? Gibt es ein Regal oder ein Bild, das aufgehängt werden soll und so an seinen Platz kommt? Jetzt wird's erledigt!

Liegt etwas herum, das Sie loswerden wollten? Dann gehört es nicht mehr nach Hause! Verschenken, verkaufen oder werfen Sie es weg.

☐ Wenn Dinge herumliegen, die eigentlich einen festen Platz haben, die Ihnen aber nicht gehören, versuchen Sie, den Besitzer dazu zu bringen, hinter sich aufzuräumen. Es gilt, Routinen zu etablieren, bei denen jeder sich um seine eigenen Sachen kümmert.

Dieses Projekt fängt viel Kram auf, den man nur schwer erwischt, wenn man sich stets auf abgegrenzte Zimmer oder Ecken beschränkt. Überspringen Sie es also nicht – es ist wichtig, um sicherzustellen, dass einem nichts durch die Lappen geht. Und ich verspreche, dass es sehr befriedigend ist, für Dinge, die immer im Weg lagen, einen festen Platz zu finden.

20. Den Wäscheschrank aufräumen

Haben Sie schon einmal überlegt, wie viele Bettlaken, Handtücher, Tischdecken, Geschirrtücher, Gardinen und Decken Sie haben? Und ob Sie wirklich alle brauchen? Wie viele Sie brauchen, hängt natürlich davon ab, wie viele Leute im Haus wohnen, aber auch, ob Sie oft Übernachtungsgäste haben.

CHECKLISTE

☐ Fangen Sie mit der Wochenbelohnung an!

☐ Suchen Sie alle Bettlaken zusammen. Für wie viele Betten brauchen Sie Laken? Man braucht mindestens einen extra Satz pro Bett. Zwei, wenn man in der Zwischenzeit nicht zum Waschen kommt. Haben Sie oder Ihre Kinder oft Übernachtungsgäste? Rechnen Sie dafür zusätzliche Laken ein. Sortieren Sie die am stärksten abgenutzten oder die, die Ihnen nicht mehr gefallen, aus.

☐ Wenn Sie eine gute Übersicht über Ihre Laken haben möchten, rollen Sie sie zusammen, so dass man leichter an sie alle herankommt, als wenn man sie stapelt. Rollen Sie den Bezug für die Bettdecke und das Kissen doch einfach zusammen auf, dann ist die Garnitur direkt zusammen.

☐ Sind Sie mit der Aufbewahrung Ihrer Bettwäsche zufrieden? Ist sie übersichtlich und leicht zugänglich? Wenn nicht, überlegen Sie, wo sie stattdessen lagern könnte. Gästewäsche muss man vielleicht nicht zusammen mit der anderen aufheben. Gibt es Platz dafür in einer Unterbettkiste?

☐ Suchen Sie alle Hand- und Badetücher zusammen und schauen Sie sie durch. Wie viele Toiletten und Badezimmer haben Sie? Wie viele Personen im Haushalt brauchen Handtücher? Man sollte mindestens zwei kleine und zwei große Handtücher pro Familienmitglied haben.

☐ Brauchen Sie Gästehandtücher? Wenn Sie besondere Reisehandtücher haben, dann reicht sicher eins pro Person.

☐ Gehen Sie Gardinen, Tischdecken und Decken durch. Welche benutzen Sie? Welche gefallen Ihnen? Misten Sie den Rest aus.

☐ Wie heben Sie diese auf? Gardinen müssen nicht besonders leicht zugänglich gelagert werden. Bei Tischdecken und anderen Decken hängt es davon ab, wie oft Sie sie benutzen.

☐ Gehen Sie Ihre Geschirrtücher durch. Wie viele brauchen Sie wirklich?

☐ Sortieren Sie alles auf Stapel zum Verschenken, Verkaufen oder Wegwerfen. Wohltätigkeitsorganisationen, Frauenhäuser und Obdachloseneinrichtungen nehmen gern Bettwäsche und Handtücher. Das, was weggeworfen werden muss, sollte zum Recycling.

24. Schmuck und Uhren ausmisten und ordnen

Manchen Schmuck oder manche Uhren kann man ein ganzes Leben lang tragen. Anderen Schmuck, den man nicht mehr trägt, kann man verkaufen. Und dann gibt es noch billigen Modeschmuck, der vor Urzeiten mal in war, aber heute vielleicht out ist. Den kann man ausmisten und vielleicht den Kindern zum Spielen schenken. Auf jeden Fall ist es gut, regelmäßig seinen Schmuck und die Uhren durchzusehen. Zu viel davon zu haben, das man gar nicht anlegt, macht es schwer, das zu finden, was man möchte.

CHECKLISTE

☐ Beginnen Sie wie immer damit, sich eine kleine Belohnung von Ihrer Liste auszusuchen, um sich für das Projekt zu motivieren.

☐ Grenzen Sie die Aufgabe ein: Welcher Schmuck und welche Uhren sollen sortiert werden? Nur Ihre eigenen Sachen oder vielleicht auch die der Kinder?

☐ Liegen Schmuckstücke und Uhren an mehreren Stellen? Tragen Sie alles zusammen.

☐ Gehen Sie Ihren Schmuck und die Uhren durch und suchen Sie aus, was Sie wirklich behalten möchten. Sortieren Sie z. B. je alle Armbänder, Ketten, Ohrringe, Anhänger, Ringe, Manschettenknöpfe, Schlipsnadeln und Uhren in einer Gruppe.

☐ Teilen Sie den Rest in drei Gruppen auf: Verschenken, verkaufen und wegwerfen. Echten Schmuck und gute Uhren können Juweliere, Uhrmacher oder Secondhandläden aufkaufen. Sie können die Sachen auch im Internet verkaufen. Sie können an Freunde und Bekannte, an Vorschulen oder einen Wohltätigkeits-Secondhandladen verschenken.

☐ Putzen Sie den Schmuck, den Sie behalten, verschenken und verkaufen möchten. Es gibt Reinigungsprodukte für Silber zu kaufen. Aber Sie können auch einen alten Trick anwenden und Aluminiumfolie ins Spülbecken oder eine Schüssel legen, Backpulver darauf streuen und dann mit kochendem Wasser auffüllen. Lassen Sie es etwas abkühlen, dann kann man Silberschmuck eintauchen und er wird ratzfatz sauber. Spülen Sie alles mit klarem Wasser ab und trocknen Sie es mit einem Baumwolllappen ab.

Ketchup und Zahnpasta sind ebenfalls zuverlässige Putzmittel, die man meist im Haus hat.

☐ Kontrollieren Sie die Uhren, die Sie behalten möchten – brauchen welche eine neue Batterie?

☐ Reinigen Sie Ihr Schmuckkästchen, es wird mit der Zeit staubig.

☐ Wie gut war Ihre Schmuckaufbewahrung bisher? Finden Sie leicht, was Sie suchen? Würden Sie Ihren Schmuck gern öfter tragen? Wenn Sie ihn übersichtlich aufheben, erhöht das die Chance, dass Sie es auch tun. Überlegen Sie, ob Sie neue Behälter kaufen müssen. Dickere Ketten und alles, was leicht verheddert, sollte am besten an Haken aufgehängt werden. Legen Sie den restlichen Schmuck in Schubladen mit kleinen Abteilen, damit nichts durcheinander kommt. Sie können alles in durchsichtige Behälter packen, um den Überblick zu behalten, in extra Schmuckkästen oder in Schubladen mit kleinen Fächern für Nägel, Muttern, Schrauben usw.

☐ Wo möchten Sie Ihren Schmuck zukünftig gern aufbewahren? War der Platz, an dem er bisher war, passend. Bei manchen steht er am Fenster, bei anderen im Kleiderschrank, im Bad oder liegt irgendwo offen. Überlegen Sie, was am besten zu Ihnen und Ihrem Zuhause passt.

25.   Quittungen und Garantien ordnen

Welche Quittung muss ich aufheben? Und wie lange? Das sind wohl die häufigsten Fragen, wenn es um Quittungen geht. Die Gewährleistung gilt mindestens zwei Jahre. Mein Rat lautet daher, dass man die Quittung für die Waren, bei denen die Gewährleistung wichtig ist, zwei Jahre aufhebt. Und damit man immer wieder einfach aussortieren kann, sollten Sie ein System ausarbeiten, das genau das ermöglicht. Für Garantien gilt dasselbe.

CHECKLISTE

☐ Welche Belohnung wählen Sie für diese Woche?

☐ Sind Ihre Quittungen auf Handtaschen, Jackentaschen und Schreibtischschubladen verteilt? Sammeln Sie alle an einer Stelle.

☐ Entscheiden Sie, welche Quittungen Sie sowohl aufheben müssen als auch möchten.

☐ Führen Sie ein System ein, um alle Quittungen und Garantien zu ordnen, indem Sie einen Ordner samt Register kaufen und Dokumentenhüllen. Heften Sie eine Dokumentenhülle hinter jeder Registerkarte ein, um die Quittungen direkt in der richtigen Kategorie ablegen zu können.

☐ Teilen Sie Ihre Quittungen in Kategorien ein: z. B. Kleider, Schuhe, Elektronik, Spielsachen, Einrichtung, Haushaltsgeräte, Schmuck. Für jede Kategorie gibt es drei Registerkarten: Eine für das aktuelle Jahr und zwei für die vorangegangenen Jahre. Schreiben Sie das ins Register, am besten mit Bleistift, weil Sie vergangene Jahre ausradieren und neue eintragen.

☐ Oder Sie teilen den Ordner nur nach Jahren ein und ordnen alle Dokumentenhüllen danach. Dann brauchen Sie zwar etwas mehr Zeit, die richtige Quittung zu finden, aber umso weniger, sie abzuheften.

☐ Sortieren Sie Ihre Quittung nach dem gewählten System. Künftig können Sie die Quittungen entweder sofort in den Ordner stecken oder einen Platz auswählen, z. B. eine Schublade, an dem Sie sie sammeln, um sie dann einzusortieren.

☐ Sortieren Sie die Garantien genauso. Richten Sie eine oder mehrere Registerkarten für Garantien ein, die länger als zwei Jahre laufen. Teilen Sie alles in Kategorien ein, wenn Sie möchten. Garantien können Sie in einem extra Ordner sammeln, aber manchmal ist eine Quittung gleichzeitig der Garantiebeweis, daher kann man gut denselben Ordner nutzen.

☐ Am Ende des Jahres ist es Zeit, alle Dokumentenhüllen von Quittungen zu befreien, die über zwei Jahre alt sind. Radieren Sie das Jahr aus dem Register und schreiben Sie das neue hin. Ein ganz einfaches System, um die ältesten Quittungen loszuwerden!

26.   Das Homeoffice aufräumen

Die meisten von uns haben natürlich kein komplettes Arbeitszimmer oder ein echtes Homeoffice, aber irgendwo müssen wir uns ja um die Bürokratie kümmern, unsere Ordner mit den wichtigsten Papieren aufbewahren, für die Wohnung und den Wagen, Quittungen, Verträge, Zeugnisse, Belege und Garantien. Vielleicht haben Sie einen Schreibtisch und ein Regal für Ordner oder Sie benutzen den Küchentisch für den Papierkram. Egal wie, es ist Zeit, alles so zu ordnen, dass es leicht zugänglich ist und alles seinen festen Platz hat, anstatt überall rumzufliegen.

CHECKLISTE

☐ Was denken Sie, was gehört in ein Büro? Wo heben Sie alles auf? Ist es über mehrere Stellen verteilt? Gibt es einen logischen Grund dafür und ein funktionierendes System? Dann bleiben Sie in dem Fall dabei. Aber wenn nicht: Tragen Sie alles zusammen und überlegen Sie, wo man die Ordner und Ähnliches am besten aufhebt.

☐ Wenn Sie einen Schreibtisch haben, schauen Sie nach, was darauf liegt. Nur das Notwendigste sollte draußen liegen. Der Rest sollte in Schrank und Schubladen verschwinden.

☐ Wenn sich ein Schrank oder eine Schublade unter dem Schreibtisch befindet, misten Sie dort aus.

☐ Wenn Sie noch keine Ordner haben, müssen Sie sich welche besorgen, um die Dinge darin zu sortieren.

Steuerordner: Alles, was Sie für Ihre Steuererklärung brauchen und was sich nicht elektronisch speichern lässt, müssen Sie als Privatperson zwar nicht unbedingt aufheben, für eventuelle Nachfragen empfiehlt es sich aber. Bankunterlagen müssen Sie drei Jahre lang aufbewahren.

Wohnungsordner: Quittungen über den Haus- oder Wohnungskauf sowie Quittungen über alle Reparaturen. Andere Dinge, die mit der Wohnung zu tun haben, kommen ebenfalls hier hinein.

Quittungsordner: Das haben wir letzte Woche schon erledigt.

Ordner für Ferienhaus, Auto, Motorrad oder Boot: Wenn Sie etwas davon besitzen, sollten die entsprechenden Papiere in einem oder mehreren Ordnern gesammelt werden.

Ordner für Zeugnisse und Bescheinigungen: Für Ihre Zeugnisse, Bescheinigungen, Empfehlungsschreiben u.Ä.

Kinderordner: Impfpass, Gutachten, Zeugnisse, Diplome, Klassenlisten, Vorschul- oder Schulinformationen usw.

Haustierordner: Impfpass, Atteste, Stammbaum, Versicherungspolicen, Tierarztunterlagen.

Ordner für restliche Papiere: Alles andere, das Sie aufbewahren müssen, das aber nirgendwo so richtig dazupasst, kommt hier hinein.

☐ Machen Sie dort Platz für die Ordner, wo Sie sie gern aufbewahren möchten.

Wenn Sie gern einen Schreibtisch hätten, aber keinen Platz dafür haben, ist vielleicht ein an der Wand befestigtes Regalsystem die Lösung. Ein tieferes Regalbrett lässt sich als Schreibunterlage nutzen und die Bretter darüber für Ordner, Stiftehalter u.Ä.

| 27. | Kulturbeutel für die Reise vorbereiten |

Die Ferienzeit rückt näher, die nächsten Wochen kümmern wir uns daher um ein paar nicht so anstrengende Projekte. Wenn Sie also eine oder mehrere Wochen verreist sind, können Sie schnell wieder aufholen. Es ist auch ganz sinnvoll, vor dem Sommerurlaub die Reisewaschtasche vorzubereiten, dann packt man gleich noch schneller. In einen Kulturbeutel sollte man kleinere Behälter packen und zwar aus zwei Gründen: Einmal spart man damit Volumen und Gewicht, denn man will ja keine unnötigen Sachen mitnehmen. Und dann gilt beim Fliegen die Vorschrift, dass man nur Behälter mit weniger als 100 ml dabeihaben darf, wenn man den Kulturbeutel ins Handgepäck tut. Wenn Sie Ihr Lieblingsshampoo mitnehmen möchten, dann können Sie Reiseverpackungen kaufen, in die Sie es umfüllen.

CHECKLISTE

☐ Fangen Sie wie immer damit an, sich von Ihrer Liste eine passende Belohnung auszusuchen.

☐ Inspizieren Sie Ihren Kulturbeutel. Säubern Sie ihn und misten Sie unter den Dingen aus, die darin sind.

☐ Holen Sie die Dinge, die Sie wirklich auf der Reise brauchen und sortieren Sie alles in Gruppen. Sachen, die nützlich sind, z. B. Shampoo, Spülung, Seife, Zahnpasta, Zahnbürste, Zahnseide, Wattepads, Wattestäbchen, Cremes, Rasierer, Rasiercreme, Make-up, Kontaktlinsen samt Pflege und Behälter.

☐ Füllen Sie am besten alles in kleinere Behälter um, vor allem, wenn Sie fliegen. Man kann sie in vielen Geschäften kaufen, auch in Apotheken. Wenn alle gleich aussehen, beschriften Sie sie, damit Sie nichts verwechseln. Das geht z. B. mit Beschriftungsgeräten. Wenn Sie bereits kleine Packungen haben, die Sie dafür nutzen, dann füllen Sie sie vor der nächsten Reise auf.

☐ Mögen Sie es, wie ich, unterschiedliche Produkttypen zusammen in kleine Beutel zu verpacken? Stellen Sie dafür verschiedene Gruppen zusammen, stecken Sie sie in Beutel und die Beutel in die Waschtasche. So hat man einen noch besseren Überblick und findet alles leichter.

☐ Ein Beutel mit Medikamenten ist auch gut. Überlegen Sie, welche Medikamente Sie mitnehmen müssen, und packen sie ein. Wenn Sie Kinder haben, haben die vielleicht ihre eigenen Kulturbeutel.

»Tausend Dank für die tollen Projekte jede Woche.«
Lilli

Schneid-
bretter und
Tabletts kann man
in einem Zeitungs-
halter am Küchen-
schrank aufbe-
wahren.

29.	Boden- und Arbeitsflächen befreien

Gibt es bei Ihnen zu Hause Boden- und Arbeitsflächen, die eigentlich frei sein sollten, aber aus irgendeinem Grund ständig vollgestellt sind? Liegt dort immer irgendetwas, das eigentlich woanders hingehört? Dann ist es Zeit, diese Flächen aufzuräumen!

Dieses Projekt kann ganz schnell beendet sein oder recht zeitaufwändig, je nachdem, wie es bei Ihnen zu Hause aussieht. Aber selbst ein paar wenige Dinge, die herumliegen, machen einen unaufgeräumten Eindruck, es ist also für die meisten ein gutes Projekt!

CHECKLISTE

☐ Gehen Sie Zimmer für Zimmer durch Ihre Wohnung und achten Sie auf den Boden und auf Arbeitsflächen:

Gehen Sie in die Küche und überprüfen Sie, ob dort unnötige Dinge auf der Spüle oder der Arbeitsfläche liegen. Stehen dort z. B. Haushaltsgeräte, die Sie gar nicht benutzen? Stehen Schneidbretter auf der Arbeitsfläche an die Wand gelehnt? Haben Sie viele Dinge in Töpfen herumstehen? Überlegen Sie, ob diese Aufbewahrung funktionell ist oder ob die Schneidbretter und andere Dinge in Schubladen nicht genauso leicht zugänglich sind oder an einer Magnetleiste oder ob Sie z. B. an der Wand einen Halter für Schneidbretter oder Topfdeckel befestigen können.

Gehen Sie ins Wohnzimmer und schauen Sie sich um, ob Sachen an den Wänden stehen, die nicht dort sein sollten. Wie sieht es auf dem Sofatisch aus? Auf dem Beistelltisch? Stehen Dinge im Bücherregal, die dort nicht hingehören?

Was ist mit dem Schlafzimmer? Muss der Nachttisch freigeräumt werden? Liegen Sachen auf dem Boden oder an der Wand? Wie ist es im Flur?

Und das Badezimmer? Ist vielleicht etwas versehentlich dort gelandet und liegt jetzt auf dem Boden oder einem Regal?

☐ Setzen Sie Grenzen. Schaffen Sie es, alle Böden und sonstigen Flächen durchzugehen? Wählen Sie ansonsten eine spezielle Oberfläche oder ein Zimmer aus. Räumen Sie alle Dinge, die dort stehen oder liegen weg. Suchen Sie dafür einen eigenen, festen Platz. Oder sollen sie vielleicht ganz rausfliegen?

☐ Haben Sie etwas ausgemistet? Schreiben Sie es auf Ihre Ausmistliste.

☐ Genießen Sie den neuen Anblick und denken Sie an Ihre Belohnung. Fühlt es sich nicht wunderbar beruhigend an, Dinge losgeworden zu sein, die alles unordentlich aussehen ließen?

»Also ... man ist schließlich so inspiriert, dass man aus dem Bett springt und sich an das Projekt macht!«

Linda

| 30. | Erinnerungsstücke und Sammlungen ordnen |

Erinnerungsstücke verleihen einer Wohnung eine persönliche Note und halten die Erinnerung lebendig. Aber es ist wichtig, dass wir positive Erinnerungen pflegen und dass wir Dinge, die wir geerbt oder geschenkt bekommen haben, nicht aus reinem Pflichtgefühl aufheben. Das Leben ist zu kurz, um sich mit Dingen zu beschweren, ohne die man besser dran wäre.

Sammlungen sind ein anderes Phänomen, das gemischte Gefühle wecken kann. Oft hat man über lange Zeit Dinge angesammelt, die einen großen, emotionalen Wert haben, die aber selten sonderlich funktional sind. Vielleicht hat man sich an seiner Sammlung satt gesehen, aber es fällt schwer, sich davon zu trennen, weil man viel Zeit und Geld darin investiert hat?

CHECKLISTE

☐ Gehen Sie durch Ihr Zuhause und überlegen Sie, welche Erinnerungsstücke Sie besitzen. Das können alte Briefe sein, Fotos, Bilder, geerbter Nippes, Porzellan, Besteck, Kleider oder Möbel.

☐ Überlegen Sie, was Sie davon, aus irgendeinem Grund, gar nicht mögen. Warum haben Sie es dann überhaupt noch? Versuchen Sie, diese Dinge loszuwerden. Wenn es Ihnen schwerfällt, sie wegzuwerfen, können Sie sie vielleicht einem guten Zweck zukommen lassen?

☐ Haben Sie eine Sammlung? Briefmarken, Porzellanfiguren oder alte Bügeleisen? Sammeln Sie immer noch oder sind es inzwischen eher Erinnerungsstücke?

☐ Diese Erinnerungs- und Sammelstücke, die Sie noch haben – welche bedeuten Ihnen am meisten? Diese sollten Sie betonen. Damit es zu Hause nicht zu chaotisch wird, können Sie Ihre Erinnerungs- oder Sammelstücke an einer Stelle konzentrieren, z. B. in einer Vitrine.

Wenn es Erinnerungsstücke gibt, die einen praktischen Wert haben und die Sie im Alltag nutzen können, dann ist es ganz wunderbar, das auch zu tun.

☐ Schreiben Sie die aussortierten Dinge auf Ihre Liste!

31.   Die Speisekammer aufräumen und ordnen

Nicht jeder hat eine Speisekammer, aber wir alle haben Trockenwaren, Konserven, Tee, Kaffee, Brot, Kekse usw., die wir irgendwo unterbringen müssen. Damit wir leicht herankommen und auch seltener Dinge wegwerfen müssen, ist es wichtig, dass alles gut sortiert ist.

CHECKLISTE

☐ Auf welche Belohnung können Sie sich diese Woche freuen?

☐ Grenzen Sie das Projekt ein. Sie sollten alle Lebensmittel ordnen, die weder im Kühlschrank noch im Gefrierschrank stehen müssen.

☐ Nehmen Sie alle Lebensmittel heraus und putzen Sie Schrank, Schublade oder Regal.

☐ Gehen Sie die Produkte durch und entsorgen Sie, was abgelaufen ist. Vielleicht können Sie zwei geöffnete Packungen umfüllen, sodass nur noch eine übrig ist, wenn das Mindesthaltbarkeitsdatum ähnlich ist, das spart Platz.

☐ Gruppieren Sie die Lebensmittel logisch, z. B. so: Grundnahrungsmittel wie Nudeln, Bulgur, Reis und Bohnen; Tee und Kaffee; weiches und Knäckebrot sowie Kekse; Mehl, Haferflocken und Backzutaten; Konserven; Tacozutaten; Snacks und Nüsse; Kartoffeln, Zwiebeln und Wurzelgemüse; Öle, Suppenwürfel und Gewürze u. a.

☐ Unterteilen Sie Ihre Regale oder Schubladen mit kleineren Kisten oder Behältern – dann ist es einfacher, die Dinge zu finden und auch sie wegzuräumen – wodurch die Ordnung länger hält. Wenn Sie nicht genug Kisten haben, kaufen Sie neue. Oder nutzen Sie Schuhkartons oder andere Verpackungen, die Sie bereits zu Hause haben.

☐ Räumen Sie alles in Regale oder Schubladen ein, sodass die Dinge, die Sie am häufigsten brauchen, ganz vorn stehen.

☐ Wie heben Sie Ihre Gewürze auf? Möchten Sie sie sichtbar auf einem Regal stehen haben oder erhalten sie einen Platz in einer Schublade oder einem Schrank?

☐ Öle, Essige u. a. sollten vielleicht in Reichweite der Arbeitsfläche stehen? Denken Sie nur daran, sie nicht in direktes Sonnenlicht zu stellen oder zu nah an den Herd. Eine gute Idee ist es, sie auf ein kleines Tablett zu stellen, das man schnell beiseitestellen kann, wenn man die Arbeitsfläche reinigt.

☐ Beschriften Sie Schubladen und Behälter, damit Sie und die restliche Familie wissen, wo Sie was finden und wohin sie es zurückstellen.

☐ Gehen Sie die neue Ordnung mit der restlichen Familie durch.

MÜSLI

VOLLKORNMEHL

MEHL

BACKEN

BOHNEN

REIS UND NUDELN

BOHNEN

KÖRNER

NÜSSE UND
TROCKENOBST

Wenn Sie Ihre
Trockenwaren in
Gruppen zusammen-
stellen, finden Sie alles
einfacher und können
leichter herankommen, da
alle Einzelpackungen in
einer Kister sind.

32.　Plastiktüten und -boxen ordnen

Die Ecken, an denen wir Plastiktüten und -boxen aufheben, sind meist die chaotischsten in der gesamten Küche – und frustrieren einen praktisch jedes Mal, wenn man Schrank oder Schublade öffnet. Genau deswegen tun wir jetzt was dagegen und führen ein System ein, das langfristig Ordnung hält!

CHECKLISTE PLASTIKTÜTEN

☐ Sammeln Sie alle Plastiktüten zusammen. Selbst wenn Sie die eigentlich alle an einer Stelle aufheben wollten, so verteilen sie sich oft in der Küche und sind einfach viel zu viele.

☐ Misten Sie unter den Plastiktüten aus. Manche sind einfach nicht gut genug, um sie zu benutzen, sie sind zu fest oder haben eine merkwürdige Größe. Andere sind zerrissen oder löchrig. Oder es sind einfach zu viele und Sie werden sie niemals alle verwenden. Werfen Sie die Plastiktüten, die Sie nicht behalten möchten, in den gelben Sack.

☐ Um sich das Ausmisten zukünftig zu ersparen und umweltfreundlich zu handeln, überlegen Sie, welche Plastiktüten Sie normalerweise wiederverwenden und welche sofort im Recycling landen. Die Tüten, die sowieso nicht mehr benutzt werden, können Sie beim nächsten Einkauf direkt ablehnen und stattdessen eine Einkaufstasche mitnehmen.

☐ Machen Sie dort sauber, wo die Plastiktüten gelegen haben.

☐ Wie heben Sie sie jetzt auf? Manche knüllen sie zusammen und lagern sie in einem speziellen Tütenhalter. Andere falten sie zu kleinen Dreiecken. Wenn Sie nicht schon eine gute Aufbewahrungsart haben oder wenn Sie finden, dass es zu lange dauert, die passende zu finden, dann rate ich Ihnen, sie nach Größe zu ordnen, da die Größe meist das Wichtigste ist, wenn Sie nach einer Plastiktüte suchen.

CHECKLISTE PLASTIKBOXEN

☐ Nehmen Sie alle Boxen heraus.

☐ Putzen Sie den Schrank oder die Schublade.

☐ Gehen Sie alle Boxen durch und sortieren Sie sie samt Deckel. Werfen Sie Dosen ohne Deckel weg sowie solche, die nicht mehr gut aussehen.

☐ Stapeln Sie Boxen ähnlicher Größe und legen Sie die passenden Deckel daneben. Ein guter Tipp ist es, eine Buchstütze neben die Dosen zu stellen und die Deckel daran anzulehnen.

Tipp!
Nehmen Sie
Frischhalteboxen
mit zum Einkauf,
das schont die
Umwelt.

| 33. | Kochbücher aussortieren und Rezepte ordnen |

Als ich vor kurzem mit zwei neuen Kochbüchern nach Hause kam, merkte ich, dass auf meinem Regal gar kein Platz mehr war. Ich will aber nicht noch mehr Platz für Kochbücher machen, außerdem will ich die einräumen, die auf der Arbeitsfläche liegen geblieben sind. Also war die Lösung, wie üblich, auszumisten, vor allem, da wir nicht alle benutzen.

CHECKLISTE

☐ Sammeln Sie alle Kochbücher, die Sie zu Hause, vielleicht sogar an unterschiedlichen Stellen, haben.

☐ Blättern Sie sie durch und markieren Sie Rezepte, die Sie gern nachkochen möchten. Wenn es viele sind, bleibt das Buch natürlich hier und Sie können Ihre Lieblinge leicht finden.

☐ Gibt es Bücher, die zwar nicht viele Rezepte enthalten, die Sie nachkochen möchten, die aber eine Augenweide sind oder die Sie aus einem anderen Grund behalten möchten? Legen Sie sie beiseite.

☐ Haben Sie Kochbücher, in denen Ihnen nur einzelne Rezepte gefallen? Reißen Sie das Rezept heraus oder fotografieren Sie es.

☐ Gibt es Bücher, denen Sie noch eine Chance geben möchten, obwohl Sie bisher kaum etwas daraus gekocht haben? Stellen Sie sie nebeneinander und sortieren Sie sie beim nächsten Mal aus, wenn Sie sie bis dahin nicht benutzt haben.

☐ Raus mit den restlichen Kochbüchern! Verkaufen oder verschenken Sie gute Bücher, werfen Sie die gammeligen weg.

☐ Wo wollen Sie zukünftig die Kochbücher aufheben und wie viel Platz erhalten Sie dort? Wenn der Platz aufgebraucht ist, ist es wieder Zeit zum Ausmisten.

☐ Gehen Sie auch die Rezepte durch, die Sie aus dem Internet oder aus Zeitschriften haben, Rezeptbroschüren usw. Misten Sie auch hier aus und werfen Sie weg, was nicht mehr aktuell ist.

☐ Wie wollen Sie Ihre Rezepte sammeln? Sie können ausgeschnittene oder abgeschriebene Rezepte in einem Ordner sammeln.

»Ich habe lange überlegt, was ich mit all den Kochbüchern machen soll, die einfach nur im Regal herumstehen. Danke, jetzt weiß ich es.«
Britt Marie

Ich finde ja, dass Kochbücher Frischware sind, die mich inspirieren muss – nicht zuletzt durch die Bilder – um selbst danach zu kochen. Kochbücher aus dem letzten Jahrtausend fliegen daher fast automatisch raus. Dann haben wir englische Kochbücher. Darin finden sich oft außergewöhnliche Zutaten, sodass ich doch nicht daraus koche. Warum kochen Sie aus bestimmten Kochbüchern nichts nach? Sind die Rezepte zu kompliziert? Liegt es an bestimmten Lebensmitteln? Versuchen Sie, es herauszufinden, damit Sie solche Bücher nicht mehr kaufen. Oder vielleicht suchen Sie inzwischen nur noch im Internet nach Rezepten? Dann können die meisten Kochbücher weg.

34.   Das Bücherregal ausmisten und aufräumen

Bücher und Bücherregal sind oft schön und machen ein Zimmer sowohl gemütlicher als auch persönlicher – aber auch hier muss man aussortieren. Ein übervolles Bücherregal sieht unordentlich aus und man findet schwerer, wonach man sucht.

CHECKLISTE

☐ Wenn Sie sehr viele Bücher besitzen, ist es vielleicht sinnvoll, das Projekt einzugrenzen. Nehmen Sie sich ein Bücherregal vor oder alle?

☐ Gehen Sie durch Ihre Wohnung und schauen Sie nach, ob es sonst noch irgendwo Bücher gibt.

☐ Nehmen Sie alle Bücher aus dem Bücherregal und machen Sie sauber. Stauben Sie die Bücher ab.

☐ Gehen Sie die Bücher durch und sortieren Sie aus. Bücher, die Ihnen nicht gefallen haben, braucht man nicht zu behalten. Auch die nicht, die Ihnen zwar gefallen haben, die Sie aber nie wieder in die Hand nehmen werden. Wenn ein Buch aber für sich ein Schmuckstück ist oder für Sie einen emotionalen Wert besitzt, dann behalten Sie es natürlich.

☐ Sortieren Sie die Bücher, die Sie behalten, nach Kategorien. Haben Sie Bücher, die Sie immer wieder anschauen? Sie können ungelesene Bücher auf einem Regalbrett sammeln, sodass Sie dort nachsehen, wenn Sie etwas Neues zum Lesen suchen. Haben Bibliotheksbücher auch einen festen Platz?

☐ Einige Vorschläge, wie man Bücher kategorisieren und gruppieren kann, sind: Genre – z. B. Biographien, Geschichtsbücher, Lyrik, Krimis, Romane, Fotobücher usw., Bindung und Format – d. h. Taschenbücher oder gebundene Bücher, jeweils große und kleine Bücher zusammen, »Letzte Chance«-Bücher, bei denen Sie sich nicht sicher sind, ob Sie die noch lesen, die Sie aber auch noch nicht weggeben möchten. Die fliegen beim nächsten Ausmisten raus, wenn Sie sie bis dahin nicht gelesen haben.

☐ Innerhalb jeder Kategorie können Sie dann nach dem Alphabet, der Größe und/oder der Farbe sortieren. Dadurch sieht Ihr Bücherregal einheitlicher und harmonischer aus.

☐ Räumen Sie die Bücher gemäß der neuen Ordnung ein. Bücher, in die Sie oft schauen und die Sie bald lesen möchten, sollten am leichtesten zugänglich sein.

☐ Raus mit den ausgemisteten Büchern! Es ist vielleicht nicht so einfach, Bücher zu verkaufen, aber Sie können sie an Wohltätigkeitsorganisationen verschenken, an Krankenhäuser, Freunde und Bekannte, sie in einem Bücherkreisel tauschen oder in ein öffentliches Bücherregal stellen.

Blättern Sie aus-
gemistete Bücher noch
einmal durch, damit Sie
keine Lesezeichen oder Erinnerungsstücke zwischen den Seiten
vergessen. Wenn Sie sich an ein
Buch, das Sie aussortiert haben,
erinnern möchten, rahmen
Sie den Umschlag ein und
hängen ihn auf.

Ich weiß, was Sie denken. Aber früher oder später muss es gemacht werden. Man kann es also genauso gut jetzt angehen, wo wir nach dem Sommerurlaub noch voller Energie sind und uns im besten Fall wieder auf den Alltag und seine Routinen freuen.

Damit es so schnell wie möglich geht, rate ich Ihnen, ein oder mehrere Familienmitglieder einzuspannen. Überlegen Sie sich als Ansporn eine gemeinsame, richtig tolle Belohnung, die Sie zusammen genießen, wenn der Keller ausgemistet wurde. Und planen Sie ein ganzes Wochenende ein. Vielleicht werden Sie früher fertig, aber es ist immer gut, ein bisschen Puffer zu haben. Stellen Sie sich das Ziel vor. Denken Sie daran, wie wunderbar es sich anfühlen wird, einen gut geordneten und aufgeräumten Keller zu haben. Und fertig zu sein. Das Gefühl ist tatsächlich unglaublich positiv.

CHECKLISTE

☐ Grenzen Sie die Aufgabe ein – Werden Sie komplett alles aufräumen, was im Keller steht, oder wollen Sie bestimmte Dinge bis zum nächsten Mal überspringen? Das kann z. B. Folgendes sein: Papier, Erinnerungsstücke, Kinderkleider, Werkzeug usw. Wenn Sie aus Zeitmangel etwas überspringen, dann räumen Sie diese Sachen an einer Stelle zusammen und markieren Sie im Kalender einen Termin, wann Sie sich darum kümmern.

☐ Leeren Sie den Keller am besten komplett. Geht das nicht, weil rundherum kein Platz ist, holen Sie so viel wie möglich heraus, damit Sie Platz zum Sortieren haben.

Gehen Sie Ihre Sachen durch und misten Sie aus. Seien Sie streng und versuchen Sie, so viel wie möglich auszusortieren. Benutzen Sie diesen alten Rucksack wirklich noch mal? Glauben Sie tatsächlich, dass Sie Ihre alten Schulhefte noch mal lesen?

Die Sportsachen und Kleider der Kinder – Wie viel davon muss man aufheben? Wie lange stehen die Kassetten schon hier? Und die DVDs? Vielleicht ist es langsam an der Zeit, sie loszuwerden?

Sind Sie sich bei manchen Sachen unsicher, können Sie damit warten, bis Sie das nächste Mal ausmisten. Es ist in Ordnung, dass der Keller für eine gewisse Zeit als eine Art Zwischenstation dient. Bei manchen Dingen weiß man erst nach einiger Zeit, ob man sie behalten oder aussortieren will. Aber schauen Sie sich die Dinge beim nächsten Ausmisten an und seien Sie dann strenger.

☐ Stellen Sie schwarze Säcke auf und sortieren aus, was sofort in den Müll kommt.

☐ Sortieren Sie das, was Sie behalten, in Gruppen, die zusammengehören, und legen Sie es dementsprechend in Kisten.

Was man braucht: Um nicht ständig die Treppe hoch und runter laufen zu müssen, hier eine Liste mit allem, was man mitnehmen sollte:

· Schwarze Müllsäcke für die Sachen, die verschenkt, verkauft oder weggeworfen werden sollen. Am besten mehrere, um den Müll sofort nach Material zu trennen.

· Papiertüten für Altpapier.

· Schere, festes Klebeband (für Kisten und anderes), normales Klebeband (um die Beschriftung zu befestigen), weißes Papier und schwarzer Permanentmarker.

· Plastikkisten oder Umzugskartons, je nachdem, was Sie darin lagern möchten oder was Ihnen lieber ist. Es ist gut, Kisten unterschiedlicher Größe zu haben, damit man nicht zu viele unterschiedliche Dinge in einer hat.

· Vakuumbeutel, wenn Sie Kleider in Kartons aufheben wollen.

☐ Beschriften Sie die Kisten, damit Sie wissen, was darin ist, am besten mit weißem Papier, damit es deutlich zu lesen ist. Machen Sie das auf der langen und der schmalen Seite, sodass man es lesen kann, egal, wie herum die Kisten stehen. Sie können die Kisten auch durchnummerieren und den Inhalt ausführlicher in einem Block oder, noch besser, im Computer oder einer App auflisten, um alles schneller zu finden.

☐ Überlegen Sie sich eine Struktur für Ihren Keller. Das, was Sie nicht aktiv nutzen, sondern nur aufheben, sollte am weitesten hinten stehen. Je öfter Sie etwas brauchen, umso leichter zugänglich sollte es stehen.

☐ Wenn der Platz es zulässt, möblieren Sie den Keller ruhig mit Schränken und Regalen. Dadurch wird er übersicht-licher und alles leichter zugänglich. Liegt der Keller günstig, können Sie ihn auch als zusätzliche Garderobe nutzen und Jacken und Schuhe dort aufbewahren. Sie können Schuhschränke und Stoffschränke aufstellen, zum Schutz vor Staub.

☐ Denken Sie daran, auch an Wänden und Decken etwas zu lagern, um den Platz optimal zu nutzen. S-Haken sind gut, wenn Sie Gitter im Keller haben. Ansonsten können Sie Stangen befesti-gen, an denen Sie z. B. Sportausrüstung aufhängen.

☐ Räumen Sie die Sachen gemäß der neuen Ordnung im Keller ein.

☐ Entscheiden Sie, wie Sie die aussor-tierten Sachen verkaufen oder verschen-ken wollen. Tun Sie das so schnell wie möglich.

»Fertig! Ich musste dabei lächeln, aus zwei Gründen:
· Ausmisten tut der Seele gut.
· Ich musste an all die anderen denken, die überall im Land zur selben Zeit aufräumten.«
Maria

WOCHE	PROJEKT
36.	Stauraum Bett/Beleuchtung Schrank

Diese Woche schaffen wir gleich zwei kleinere Projekte – oder wählen Sie eines aus, das am besten passt. Nicht jeder will Dinge unterm Bett verstauen. Manche mögen es lieber luftig, bei anderen ist das Bett zu tief, sodass dort gar kein Platz ist. Aber wenn man mehr Stauraum braucht, kann der Platz unterm Bett einen großen Unterschied machen. Ein Einzelbett von 90 cm Breite bietet fast 2 Quadratmeter! Ein 180 cm breites Doppelbett 3,6 Quadratmeter. Sie können ihn auch für Dinge nutzen, die Sie zwar nicht oft brauchen, aber nicht gern auf dem Dachboden aufheben möchten, wie z. B. Fotos.

Beim zweiten Projekt geht es um eine gute Beleuchtung des Kleiderschranks, wenn Sie die nicht schon haben. Die Beleuchtung im Kleiderschrank sollte man nicht unterschätzen. Dadurch findet man Sachen schneller und kann sie einfacher an ihren Platz zurücklegen und Ordnung halten.

CHECKLISTE BELEUCHTUNG IM KLEIDERSCHRANK

☐ Suchen Sie sich eine passende Belohnung aus.

☐ Schauen Sie sich die Bedingungen für eine Beleuchtung in Ihrem Kleiderschrank an. Es gibt alles Mögliche, von billigen Batterielampen, die mit Klettband befestigt werden, bis zu Lampen mit Kabeln, die man an der Decke festschraubt. Wählen Sie die, die am besten passt!

☐ Montieren Sie die Beleuchtung.

»Deine Beiträge sind so inspirierend und verpassen einem auch noch einen leichten Tritt in den Hintern. Vielen Dank für alle Tipps!«
Linda

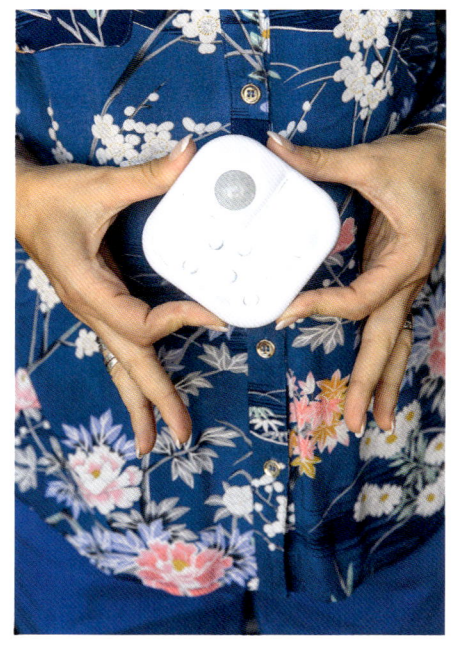

CHECKLISTE STAURAUM UNTERM BETT

☐ Suchen Sie sich auch für dieses Projekt eine kleine Belohnung aus.

☐ Heben Sie bereits etwas unter dem Bett auf? Holen Sie es hervor und machen Sie dort sauber.

☐ Entscheiden Sie, was Sie zukünftig unter dem Bett aufbewahren wollen. Soll es eine aktive Aufbewahrung sein, also Dinge, die sie relativ oft brauchen, oder passiv, also etwas, das Sie zwar aufheben möchten, aber nicht oft brauchen?

☐ Je häufiger Sie das, was Sie unterm Bett aufheben, brauchen, umso wichtiger ist eine funktionelle Lösung. Ich empfehle Kisten mit Rädern und Klickverschluss. Für eine passive Aufbewahrung ist das nicht so wichtig, aber denken Sie auch dabei daran, dass es gut ist, wenn sie leicht herauszuziehen ist, damit man einfacher putzen kann.

☐ Suchen Sie nach Kisten, die für Sie passen und messen Sie aus, wie viel Platz unterm Bett ist.

☐ Sortieren Sie die Sachen, die zusammengehören, in jeweils eine Kiste. Schieben Sie die Kisten unters Bett.

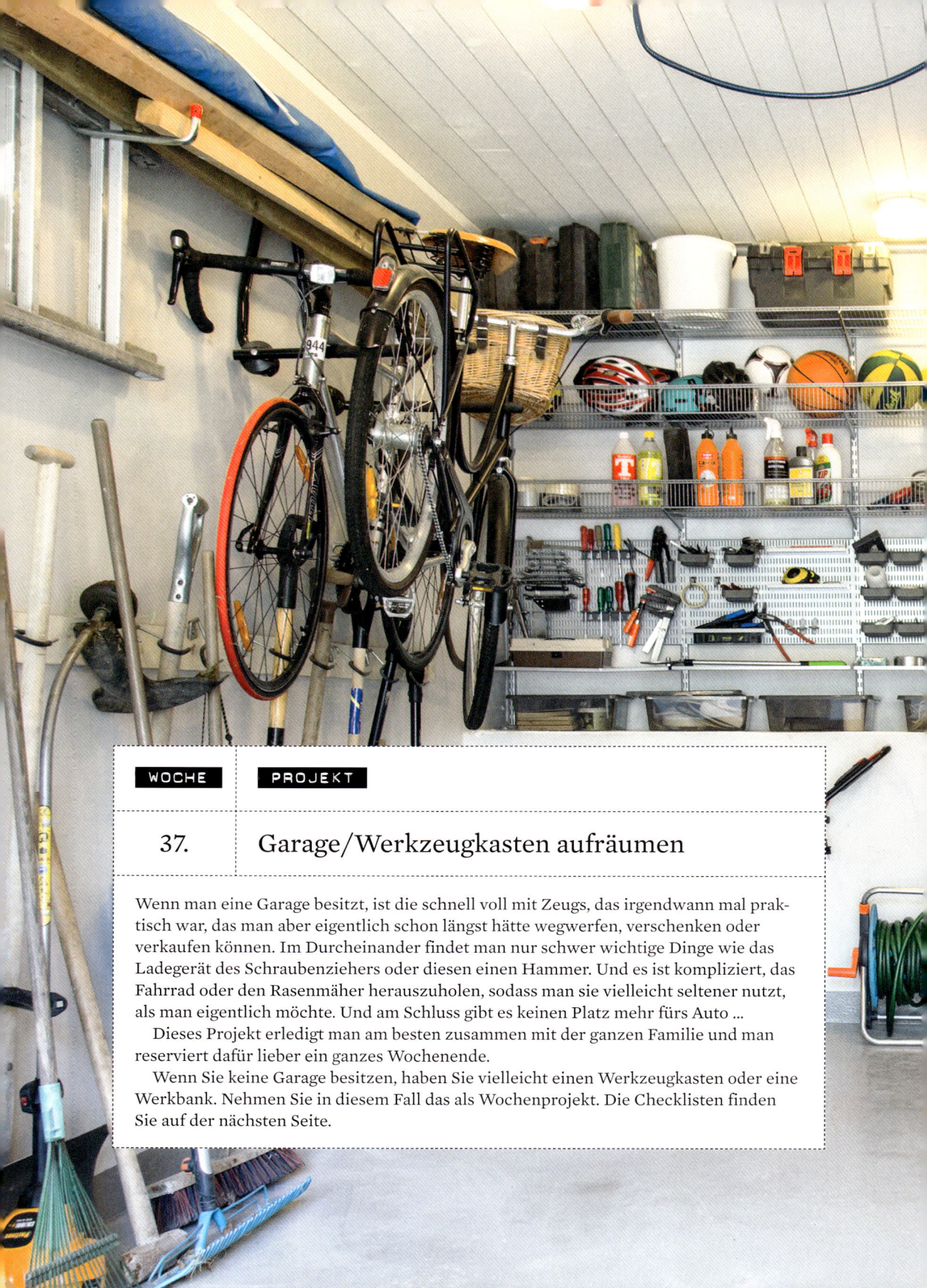

WOCHE	PROJEKT

37. Garage/Werkzeugkasten aufräumen

Wenn man eine Garage besitzt, ist die schnell voll mit Zeugs, das irgendwann mal praktisch war, das man aber eigentlich schon längst hätte wegwerfen, verschenken oder verkaufen können. Im Durcheinander findet man nur schwer wichtige Dinge wie das Ladegerät des Schraubenziehers oder diesen einen Hammer. Und es ist kompliziert, das Fahrrad oder den Rasenmäher herauszuholen, sodass man sie vielleicht seltener nutzt, als man eigentlich möchte. Und am Schluss gibt es keinen Platz mehr fürs Auto ...

Dieses Projekt erledigt man am besten zusammen mit der ganzen Familie und man reserviert dafür lieber ein ganzes Wochenende.

Wenn Sie keine Garage besitzen, haben Sie vielleicht einen Werkzeugkasten oder eine Werkbank. Nehmen Sie in diesem Fall das als Wochenprojekt. Die Checklisten finden Sie auf der nächsten Seite.

Hängen Sie Dachboxen auf und die Fahrräder an die Wand, dann bleibt der Boden frei.

☐ Wenn Sie den Unterschied sehen möchten, machen Sie ein Vorherbild.

☐ Wählen Sie einen Platz aus, an dem Sie die Dinge, die Sie in der Garage aufheben, hinstellen können, z. B. eine Wiese oder die Einfahrt davor.

☐ Suchen Sie einen Platz für schwarze Müllsäcke, in die kommen alle Dinge, die Sie wegwerfen wollen.

☐ Suchen Sie einen Platz für Dinge, die verschenkt oder verkauft werden sollen. Fotografieren Sie alles, was Sie verkaufen wollen, dann ist das schon erledigt.

☐ Leeren Sie die Garage. Stellen Sie die Dinge so hin, wie sie zusammengehören: Werkzeug, Maschinen, Gartengeräte, Spielsachen für draußen, Sportausrüstung usw.

☐ Was denken Sie, was sollte in der Garage leicht zugänglich sein? Das sollte Ihre Priorität beim Einräumen sein.

☐ Putzen Sie die Garage.

☐ Misten Sie alles aus, was nicht länger in der Garage bleiben soll. Misten Sie auch unter den Dingen aus, die Sie behalten möchten. Hier finden sich bestimmt Sachen, die kaputt gegangen sind oder die Sie nicht mehr benutzen.

☐ Wie können Sie die Dinge zukünftig am besten in der Garage lagern? Der Boden sollte so frei bleiben wie nur möglich, man muss also die Wände nutzen. Achten Sie auf gute Regale zur Aufbewahrung und auf Haken für Leiter, Gartenschlauch und anderes, was sonst auf dem Boden rumliegt. Besondere Halter für Fahrräder sparen ebenfalls viel Platz, wie auch Stauraum unter der Decke für z. B. Skier oder Dachboxen.

☐ Stellen Sie auch in die Garage einen Ausmistkorb für Dinge, die bald aus der Wohnung bzw. der Garage weg sollen.

☐ Stellen und hängen Sie alles, was in der Garage bleiben soll, an seinen neuen Platz. Das, was Sie am häufigsten benutzen, am weitesten vorn.

☐ Beschriften Sie so viel wie möglich.

☐ Machen Sie ein Nachherbild zum Vergleich!

☐ Wenn die restliche Familie nicht beteiligt war, gehen Sie mit ihnen die neue Ordnung durch.

☐ Wie viele Dinge haben Sie ausgemistet? Schreiben Sie sie auf Ihre Liste.

☐ Leeren Sie den Werkzeugkasten. Suchen Sie auch Werkzeug zusammen, das eventuell woanders liegt.

☐ Putzen Sie den Werkzeugkasten.

☐ Gruppieren Sie die Dinge so, wie sie zusammengehören.

☐ Schauen Sie nach, ob Sie noch mehr zur Aufbewahrung brauchen. Die Werkzeuge, die Sie am häufigsten nutzen, kann man leicht zugänglich an einem Löcherbrett an der Wand aufhängen.

☐ Vielleicht müssen Sie noch kleinere Behälter für Kleinkram wie Schrauben, Muttern u. Ä. kaufen.

☐ Legen Sie alles gemäß der neuen Ordnung zurück.

☐ Zeit für die Belohnung!

Auszusortieren ist eine Vorbedingung für Ordnung. Inzwischen stehen Ihre Ausmistkörbe schon seit ein paar Monaten an unterschiedlichen Stellen im Haus. Wenn Sie noch keine regelmäßige Routine etabliert haben, um sie zu leeren, dann ist es nach dem Aufräumen im Keller und der Garage höchste Zeit.

Für manche ist das ein kleines Projekt und für andere recht schwer, egal, wie viel oder wenig tatsächlich zu verschenken, verkaufen oder wegzuwerfen ist. Es kann daran liegen, dass es Zeit braucht, eine Annonce zu schalten oder auch daran, dass man sich emotional nur schwer von Dingen trennt. Deswegen ist das ein eigenes Wochenprojekt, um sicher zu gehen, dass das, was Sie aussortiert haben, auch wirklich verschwindet. In der 2. Woche haben Sie entschieden, wohin Ihre Sachen gehen sollen.

CHECKLISTE

☐ Überlegen Sie sich, welche Belohnung Sie sich diese Woche gönnen möchten.

☐ Gehen Sie noch einmal durch die Wohnung, um nachzusehen, ob es noch mehr Dinge gibt, die Sie nicht mehr nutzen und loswerden wollen. Legen Sie die ebenfalls in Ihre Ausmistkörbe.

☐ Grenzen Sie ein, wie viel Sie erledigen möchten. Wichtig ist, dass Sie dafür eine Routine entwickeln.

☐ Fotografieren Sie die Dinge, die Sie verkaufen möchten.

☐ Entscheiden Sie, wo Sie sie verkaufen wollen. Im Internet, in Secondhandläden oder auf dem Flohmarkt? Mal müssen Sie die Dinge verschicken,

mal werden sie abgeholt. Wenn Sie Kindersachen verkaufen, spannen Sie Ihre Kinder mit ein! Dadurch werden sie angespornt, selbst Dinge auszusortieren, die sie nicht mehr brauchen, und lernen etwas über den Wert des Geldes.

☐ Die restlichen Dinge möchten Sie vermutlich verschenken. Sollen sie an eine bestimmte Wohltätigkeitsorganisation gehen, wie ein Frauenhaus oder die Stadtmission? Auch hier lohnt es sich, nachzudenken, was am besten liegt, damit es auch wirklich passiert. Manche Organisationen holen die Sachen auch ab.

☐ Nutzen Sie das Geld zum Feiern oder um sich etwas zu kaufen, das Sie sich wirklich wünschen. Oder sparen Sie alles für ein besonderes Ziel.

An einer Stange an der Decke kann man Kleider trocknen.

Eine Schiebetür kann die Waschecke abtrennen.

39. Die Waschküche und die Wäsche ordnen

Die meisten hätten wohl gern Platz für eine Waschmaschine und einen Trockner, ein System für die Wäschesortierung, Platz für die ungebügelte Wäsche, für Bügeleisen und -brett und vielleicht sogar noch Putzzubehör. Aber viele von uns haben nicht mal eine Waschküche, sondern bloß etwas Platz im Badezimmer. Egal, wie groß oder klein Ihre Waschecke ist, man kann sie optimieren. In der Waschküche sind gute Aufbewahrungsmöglichkeiten wichtig, nutzen Sie auch die Wände und bauen Sie in die Höhe.

☐ Räumen Sie die Waschküche oder die Ecke, wo alles fürs Waschen steht, aus.

☐ Putzen Sie alle Oberflächen.

☐ Gehen Sie alles durch, was Sie herausgenommen haben. Sind Sachen dabei, die gar nicht in die Waschküche gehören? Finden Sie einen anderen Platz dafür.

☐ Sortieren Sie Ihre Wäsche nach einem System? Sortieren Sie Ihre Wäsche nach der Häufigkeit, z. B. 40° C bunt, 40° C weiß, 60° C und 30°C. Wenn Sie keinen Platz für vier Körbe haben, dann teilen Sie alles auf zwei auf und sortieren danach.

☐ Wenn die Waschküche auf einer anderen Etage liegt als das Schlaf- oder Kinderzimmer, können die Waschkörbe auch dorthin.

☐ Ein kleiner Korb oder ein Beutel für einzelne Socken und Handschuhe ist sinnvoll. Gehen Sie ihn regelmäßig durch, um wieder Paare zu haben.

☐ Möchten Sie Platz, um die saubere Wäsche zu falten? Können Sie den Trockner auf die Waschmaschine stellen, um eine Arbeitsfläche anzubauen?

☐ Möchten Sie Ihre Kleider in der Waschküche an der Luft trocknen lassen? Wenn der Stellplatz knapp ist, können Sie einen Wäscheständer anbringen, der sich von der Decke nach unten ziehen lässt. Oder Sie hängen eine Kleiderstange auf, an der die Kleider auf Bügeln trocknen.

☐ Haben Sie Platz zum Bügeln in Ihrer Waschküche? Vielleicht kann man ein klappbares Bügelbrett befestigen? Oder es an die Tür hängen? Stellen Sie Bügeleisen, Sprühflasche, Stärke etc. zusammen und zwar, wenn möglich, in der Nähe des Bügelbretts.

☐ Brauchen Sie noch ein Regal oder einen Schrank? Vielleicht findet sich noch ein Platz an einer Wand oder über der Tür? Auch die Tür selbst können Sie nutzen.

☐ Suchen Sie alles zusammen, was Sie beim Waschen am häufigsten brauchen, d. h. Waschmittel, Weichspüler, Messbecher und Waschbeutel. Wenn Sie große Packungen kaufen, füllen Sie sie in kleinere Plastikgefäße um. Finden Sie für diese Dinge einen leicht zugänglichen Platz.

☐ Haben Sie in der Waschküche Platz für extra Wasch- und Putzmittel, für Toiletten- und Küchenpapiervorrat usw.?

☐ Wenn Sie die Waschmaschine und den Trockner verbergen möchten und die räumlichen Möglichkeiten haben, können Sie eine Schiebetür einbauen. Oder einen Vorhang aufhängen.

☐ Räumen Sie alles gemäß der neuen Ordnung wieder ein.

☐ Beschriften Sie alles, um Dinge leichter zu finden und wieder an den richtigen Platz zurückzustellen.

☐ Haben Sie eine gute Beleuchtung in der Waschküche?

☐ Ein Papierkorb in der Waschküche für Fusseln und anderen Müll ist eine gute Idee, wenn Sie Platz dafür haben.

40.   Den Flur für Herbst und Winter bereit machen

Es ist mal wieder Zeit, den Flur an die neue Jahreszeit anzupassen. Raus mit Frühling und Sommer und rein mit Herbst und Winter. Da Sie das bereits im Frühling gemacht haben, wissen Sie, worauf es ankommt, sodass es jetzt schneller geht!

CHECKLISTE

☐ Überlegen Sie sich eine gute Belohnung.

☐ Nehmen Sie alles aus dem Flur, was zu Frühling und Sommer gehört: Mäntel, Jacken, Sandalen, Mützen, Sonnenbrillen und auch Sommersachen wie Wikingerschach, Picknickdecken und Sandspielzeug, sollten Sie das im Flur haben.

☐ Nutzen Sie die Gelegenheit, die Hutablage, Kisten und Schubladen sowie den Boden zu staubsaugen oder abzustauben und aufzuräumen.

☐ Holen Sie Ihre Herbst- und Winterkleider, die in den Flur gehören. Gibt es da etwas, das verschenkt, verkauft oder weggeworfen werden soll?

☐ Hängen Sie die Herbst- und Wintersachen auf, die Sie tragen möchten. Wenn es richtig hübsch werden soll, kann man sie nach Farben sortieren, aber das ist nur das I-Tüpfelchen.

☐ Stellen Sie die Herbst- und Winterschuhe heraus. Wenn Sie die Schuhe abwechselnd mit der Spitze und der Ferse vorn hinstellen, sparen Sie Platz.

☐ Holen Sie Handschuhe, Schals und Mützen und verteilen Sie sie.

☐ Jetzt müssen noch die Frühlings- und Sommersachen verpackt werden. Sortieren Sie alles aus, was in der nächsten Saison nicht mehr getragen wird. Finden Sie dafür Platz in Ihren Verschenk- und Verkaufkörben, bis die Kleider wieder Saison haben. Werfen Sie den Rest weg, aber nicht in den Hausmüll. Sie können solche Kleider in vielen Geschäften zum Textilrecycling abgeben.

☐ Waschen Sie, was übrig ist.

☐ Packen Sie Ihre Sommerkleider am besten in Vakuumbeutel. Dadurch nehmen sie keinen Geruch an und sind vor Schadinsekten geschützt, außerdem brauchen sie weniger Platz. Die besten Vakuumbeutel sind die, aus denen man mit einem Staubsauger die Luft ziehen kann. Die Vakuumbeutel können Sie dann in Plastikkisten, Umzugskartons oder Koffer legen. Wenn Sie Ihre Sommerjacken lieber aufhängen möchten, dann nutzen Sie einen Kleidersack oder Stoffschrank.

☐ Beschriften Sie die Kisten, damit Sie im Frühling alles leicht wiederfinden.

☐ Jetzt bleibt nur noch die Belohnung!

Rein mit
dem Herbst

Raus mit
dem Frühling

41. Den Kleiderschrank winterfest machen

Wir machen mit dem Kleiderschrank weiter. Auch der soll wieder mit Herbst- und Winterkleidung gefüllt werden. Dieses Mal ist es einfacher, weil Sie schon wissen, wie es geht.

☐ Suchen Sie sich etwas aus, auf das Sie sich freuen können, wenn Sie fertig sind.

☐ Grenzen Sie Ihre Aufgabe ein: Gehen Sie Ihren eigenen Kleiderschrank durch oder auch den Ihrer Kinder? Ihr Partner sollte sich am besten selbst um seinen kümmern, aber vielleicht machen Sie es gemeinsam, als Familienaktivität?

☐ Suchen Sie einen Platz für die Kleider. Das kann auf dem Bett oder auf dem Boden sein, wichtig ist nur, dass Sie einen Überblick über alles bekommen und dass man schnell ein- und ausräumen kann.

☐ Holen Sie Ihre Frühlings- und Sommerkleider aus dem Schrank. Wenn Sie auf die ersten warmen Tage vorbereitet sein wollen, können Sie ein paar Kleidungsstücke auf ein extra Regalbrett legen.

☐ Gehen Sie Ihre Frühlings- und Sommerkleider durch. Misten Sie alles aus, was in der nächsten Saison nicht mehr getragen wird. Finden Sie dafür Platz in Ihren Verschenk- und Verkaufkörben, bis die Kleider wieder Saison haben. Werfen Sie den Rest weg, aber nicht in den Hausmüll. Sie können solche Kleider in vielen Geschäften zum Textilrecycling abgeben.

☐ Sortieren Sie die kaputten Kleiderbügel aus und die, die Sie nicht mehr benutzen.

☐ Packen Sie alle sauberen Frühlings- und Sommerkleider in Vakuumbeutel. Bringen Sie sie in den Keller oder auf den Speicher.

☐ Packen Sie die Herbst- und Winterkleider aus. Gehen Sie sie durch und sortieren Sie aus, was Sie nicht mehr anziehen möchten.

☐ Ordnen Sie die Kleider nach Kategorien, d. h. alle Röcke zusammen, alle Hosen, alle Oberteile usw. Oder Sie können Ihren Kleiderschrank nach Fest- und Alltag aufteilen. Oder Beruf und Freizeit. Oder hängen Sie zusammen, was Sie auch zusammen tragen.

☐ Überlegen Sie, ob manche Regalbretter oder Kisten vielleicht umgestellt werden sollten, damit die Winterkleidung besser hineinpasst. Vielleicht brauchen Sie jetzt mehr Platz für Winterpullis, aber weniger für Röcke und Shorts? Denken Sie daran, das, was Sie am häufigsten tragen, vorne einzuräumen.

☐ Legen und hängen Sie alles in den Kleiderschrank. Wenn Sie möchten, dass alles einheitlich aussieht, können Sie es nach Farben sortieren.

42.   Das Wohnzimmer aufräumen

Im Wohnzimmer schauen wir zusammen fern, spielen, essen, reden, lesen oder entspannen einfach. Wir verbringen dort Zeit zusammen und möchten, dass es gemütlich ist. Wenn überall Kram und Zeug herumliegt und alles unordentlich wirkt oder wenn es mit Dekoration überladen ist, dann ist das weniger einladend. Zeit, das zu ändern!

CHECKLISTE

☐ Schauen Sie sich im Wohnzimmer um. Stört Sie irgendetwas? Warum? Gefällt es Ihnen nicht? Kann das weg?

☐ Gibt es Dinge, die immer herumliegen und Unordnung bringen? Die Fernbedienung auf dem Sofa oder dem Sofatisch? Ein Laptop, Tablet oder eine Spielkonsole, die immer herumliegen? Zeitschriften, mit denen Sie nichts anzufangen wissen? Finden Sie für all diese Dinge einen festen Platz, z. B. in Körben, Schränken und Regalen.

☐ Bringen Sie alles weg, das nicht ins Wohnzimmer gehört.

☐ Haben Sie viel Dekoration im Wohnzimmer? Gibt es welche, die Ihnen nicht gefällt? Ist es zu viel, sodass ein großes Durcheinander entsteht? Dann misten Sie aus.

☐ Wie sehen Ihre Fenster aus? Liegen Dinge auf der Fensterbank, die nicht dorthin gehören? Haben Sie vernachlässigte Topfpflanzen, die nur noch erbärmlich aussehen? Stellen Sie eine hübsche Schale hin, in der Sie Kleinkram sammeln, kümmern Sie sich dann um die Pflanzen.

☐ Betrachten Sie die Möbel in Ihrem Wohnzimmer. Gibt es welche, die Sie nie nutzen und die nur Platz wegnehmen? Vielleicht setzt sich niemand in den Sessel, weil es dort keine Lampe gibt? Kann man das ändern? Raus mit Möbeln, die Sie nicht nutzen.

☐ Sammeln Sie allen technischen Kram an einer Stelle und versuchen Sie, ihn so aufzuheben, dass man ihn nicht mehr sieht.

Beschriften Sie die Kisten, dann lässt sich alles leichter finden und zurücklegen.

43.   Den Fernsehtisch ausmisten

Der Inhalt des Fernsehtischs ist nicht mehr das, was er mal war. Wenn wir immer häufiger streamen, brauchen wir weder DVD-Player noch DVDs, von Videokassetten ganz zu schweigen. Aber wir haben vielleicht immer noch ein Möbelstück, auf dem der Fernseher steht. Zeit, dort aufzuräumen und Sachen loszuwerden, die wir nicht mehr brauchen, um den Platz effektiver zu nutzen.

Die größte Herausforderung ist, sich zu trauen auszumisten. Wenn es schwierig ist, sich von Filmen zu trennen, können Sie ja mit denen anfangen, die Ihnen am wenigsten gefallen. Und nach einer Weile machen Sie dann weiter. Aber Sie müssen sich fragen: Hand aufs Herz – Wann haben Sie das letzte Mal einen Film auf DVD angesehen? Wenn es über ein Jahr her ist, dann schauen Sie vielleicht nur noch digital und es lohnt sich, zu überlegen, ob Sie die DVDs überhaupt noch behalten wollen.

CHECKLISTE

☐ Leeren Sie den Fernsehtisch.

☐ Putzen Sie die Oberflächen.

☐ Was heben Sie in Ihrem Fernsehtisch auf? Gehen Sie die Sachen durch und hinterfragen Sie alles. Benutzen Sie den DVD-Player? Gibt es die Filme, die Sie auf DVD haben, auch digital? Können Sie noch etwas aussortieren, weil es eigentlich woandershin gehört?

☐ Wenn Sie die DVDs doch behalten wollen, dann spart man viel Platz, wenn man die Hülle wegwirft und die Platten in CD-Taschen aufhebt.

☐ Haben Sie nach dem Ausmisten ein bisschen mehr Platz? Entscheiden Sie, wie Sie den am besten ausnutzen. Ein Tipp ist, etwas dorthin zu legen, was sonst keinen Platz im Wohnzimmer hat, aber immer dort ist. Den Laptop oder das Tablet vielleicht?

»Danke für einen Megablog, der so inspirierend ist! Durch deine Aufmunterung habe ich sogar Lust, weniger spaßige Projekte anzugehen!«
Sara

45.   Kabel ausmisten und ordnen

Sicherlich gibt es bei Ihnen zu Hause an unterschiedlichen Stellen Unmengen von Kabeln – sie gehören zu Telefonen, Kameras, Powerbanks, Computern, Werkzeugen, Rasierapparaten, Lockenstäben ... Die sollten Sie immer mal wieder durchsehen und ordnen, damit Sie immer das Richtige finden, wenn Sie es brauchen.

CHECKLISTE

☐ Entscheiden Sie sich für eine Belohnung.

☐ Suchen Sie alle Kabel zum Laden, für USB-Anschlüsse, Adapter etc. aus der ganzen Wohnung zusammen.

☐ Sortieren Sie sie so, wie sie zusammengehören. Legen Sie Computerkabel, Handykabel und Ladekabel für elektrische Geräte, USB-Kabel usw. jeweils zusammen.

☐ Misten Sie aus: Wenn Sie nicht wissen, wozu ein Kabel gehört, und wenn Sie es schon lange nicht mehr genutzt haben, dann gehört es wahrscheinlich zu einem Gerät, das kaputt gegangen ist oder das Sie weggeworfen haben, und kann ebenfalls weg.

☐ Gibt es Kabel oder Ladegeräte, die immer noch in ihrer Verpackung liegen? Werfen Sie sie weg. Wenn Sie sie bis jetzt nicht benutzt haben, dann werden Sie das auch in Zukunft nicht tun. Gibt es noch mehr Kleinkram, den Sie nicht mehr erkennen? Weg damit.

☐ Haben Sie Ihre Kabel nicht beschriftet? Dann tun Sie das jetzt, damit Sie in Zukunft wissen, wozu was gehört.

☐ Entscheiden Sie, wo Sie Ihre Ladegeräte und Kabel aufheben möchten. Putzen Sie diese Fläche und teilen Sie sie mit kleineren Kisten auf. Eine andere Variante ist ein extra Behälter für jedes Kabel oder Ladegerät. Oder wickeln Sie sie um eine leere Klopapierrolle! So verheddern sie sich nicht mehr so leicht. Die Klopapierrollen kann man dann zusammenkleben und eine Kiste damit füllen.

Kaffeedosen eignen sich super für die Kabel.

46. Kabel und Ladestationen

Kabel sind nicht schön anzusehen, besonders, wenn Sie verheddert sind. Dieses Projekt ist schnell abgehakt, macht aber einen großen Unterschied und erfreut das Auge, wenn es erledigt ist!

CHECKLISTE

☐ Gehen Sie alle Zimmer zu Hause durch und schauen Sie nach, wo es Kabelsalat gibt oder Kabel, die Sie gern verstecken möchten.

☐ Lösen Sie jedes Gewirr auf. Gibt es Kabel, die gar nicht mehr genutzt werden und nur noch herumliegen? Nehmen Sie die weg.

☐ Wenn Sie die Kabel gern verbergen möchten, gibt es Ladestationen und Kabelaufbewahrung zu kaufen. Sie können auch selbst eine aus einem Schuhkarton basteln, wenn Sie möchten.

☐ In einem Kabelsammler kann man ein oder mehrere Kabel verbergen. Sie sind selbstklebend und lassen sich leicht an der Wand oder an einer Leiste befestigen, sodass der Anblick sehr viel aufgeräumter ist.

☐ Wo laden Sie Ihre Handys normalerweise auf? Richten Sie dort am besten eine organisierte Ladestation ein und achten Sie darauf, dass die Ladekabel dort immer Platz finden.

☐ Legen Sie die Kabel, die gerade nicht genutzt werden, in einen hübschen Korb oder eine Schüssel neben der Ladestation.

1. Gratis – ein verkleideter Schuhkarton

2. Billig – eine Kiste mit Löchern für die Kabel

3. Luxus – eine feste Kabelstation

Haben Sie ein Haustier? Dann wissen Sie ja, wie leicht sich da Zeugs ansammelt ...
Je nachdem, welches Tier Sie haben, besitzen Sie sicher eine ganze Menge Transportboxen, Futter, Sand, Streu, Bürsten, Krallenscheren, Leinen, Kleidungsstücke, Spielzeug, Kratzbäume, Hundekörbe, Kauspielzeug, Kescher, verschiedene Medikamente und Papiere mit Informationen oder Bescheinigungen vom Tierarzt usw.

Aber Tiere haben ihren eigenen Willen und recht oft kaufen wir Spielzeug, etwas zum Tragen, zum Essen oder sonst etwas, das sie dann partout nicht haben wollen. Andere Dinge gehen schnell kaputt, deswegen müssen wir auch hier ausmisten. Diese Woche gehen wir allen Haustierkram durch und ordnen ihn neu.

Wenn Sie kein Haustier haben, haben Sie jetzt die Möglichkeit, etwas von Ihrer persönlichen Prioritätenliste umzusetzen.

CHECKLISTE

☐ Überlegen Sie sich eine schöne Belohnung – vielleicht etwas, das auch Ihrem Haustier Spaß macht?

☐ Gehen Sie durch Ihre Wohnung und sammeln Sie alles zusammen, das zu Ihrem/n Haustier/en gehört.

☐ Gehen Sie alles durch und misten Sie aus. Es ist sinnlos, Dinge aufzuheben, die nicht genutzt werden, egal, wie teuer sie mal waren. Ist irgendetwas zu abgenutzt oder kaputt und muss ersetzt werden?

☐ Sortieren Sie alles nach Verschenken, Verkaufen und Wegwerfen. Fotografieren Sie das, was verkauft werden soll, und stellen Sie es ins Internet. Tierheime nehmen Geschenke auch gern an.

☐ Wenn Sie nicht bereits einen Ordner für alle Papiere haben, die das Haustier betreffen, wie in Woche 25 vorgestellt, dann besorgen Sie sich jetzt einen.

☐ Überlegen Sie, wie Sie bisher alle Sachen des Haustiers aufgehoben haben und ob Sie es in Zukunft genauso machen wollen. Ist es Ihnen am liebsten, alles übersichtlich an einer Stelle zu haben? Oder heben Sie die Dinge lieber an den Stellen auf, wo sie am ehesten gebraucht werden?

☐ Gibt es eine Ecke, die schnell schmutzig wird, weil sich Ihr Haustier oft dort aufhält? Überlegen Sie, ob Sie es sich nicht leichter machen können, indem Sie z. B. die Futternäpfe auf ein Tablett stellen, sodass das Putzen einfacher wird.

48.   Für Weihnachten schmücken und aufräumen

Bald ist Weihnachten. Es gibt unterschiedliche Ansichten, wann man anfangen sollte, für Weihnachten zu putzen und zu schmücken, und in welchem Umfang. Aber es ist auf jeden Fall nicht verkehrt, gegen Jahresende einen Großputz einzuschieben, damit sich alles rein und frisch anfühlt fürs neue Jahr.

In den Weihnachtsferien sollte man sich vor allem entspannen, aber für viele bedeuten die Vorbereitungen auch viel Stress und Druck, manchmal unnötig viel. Anstatt die Weihnachtsferien zu genießen, gehen sie einfach nur vorbei. Das Projekt für diese Woche ist daher nicht in Stein gemeißelt, setzen Sie nur um, was für Sie wichtig ist. Versuchen Sie alles, was Sie aus reinem Pflichtbewusstsein tun wollen, wegzulassen, wie z. B. irgendein Gericht zu kochen, weil »man das so macht«, obwohl es eigentlich niemandem richtig schmeckt, oder etwas zu putzen, obwohl es eigentlich niemanden kümmert.

CHECKLISTE

☐ Bei diesem Projekt ist eine richtig gute Belohnung fällig. Suchen Sie sich Ihren Liebling auf S. 120 aus.

☐ Entscheiden Sie, was wirklich geputzt werden soll, und schreiben Sie es auf, damit Sie einen konkreten Plan haben. Hier nun ein paar Beispiele, wo das Weihnachtsputzen über die übliche Grundreinigung hinausgehen kann:

☐ Die Fenster putzen.

☐ Die Gardinen waschen und austauschen.

☐ Die Fenster schmücken.

☐ Überall Staub wischen.

☐ Lampen, Gardinenstangen, Bilderrahmen, Fußleisten und Steckdosen abwischen.

☐ Die Türen und Türrahmen abwischen.

☐ Die Heizung und die Fläche dahinter abwischen.

☐ Das Sofa absaugen und bei Bedarf den Bezug waschen.

☐ Die Kissen, Matratzen und Zudecken lüften.

☐ Fliesen und Fugen im Bad reinigen.

☐ Backofen und Mikrowelle putzen.

☐ Teppiche reinigen.

☐ Weihnachtsdeko aufstellen und den Christbaum schmücken.

☐ Belohnen Sie sich. Und vergessen Sie nicht, die Weihnachtsstimmung, die Sie ermöglicht haben, zu genießen!

| 49. | Hobbyzubehör aufräumen |

Stricken, sticken oder nähen Sie? Vielleicht malen Sie Aquarelle, falten Origami, fädeln Perlenketten auf oder schnitzen Holzmännchen? Viele von uns haben ein Hobby, das sie ausfüllt, oder doch wenigstens ein paar grundlegende Bastelsachen oder Nähzubehör. Vielleicht finden Sie an Weihnachten ein bisschen Zeit für Ihr Hobby?

Haben Sie einen bestimmten Platz für Ihr Hobby: einen Hobbyraum, eine Bastelecke oder eine Handarbeitsschublade? Es ist gut, wenn alles einen festen Platz hat, einmal, damit alles aufgeräumt ist, aber auch, weil es Ihnen Ihr Hobby erleichtert. Wenn Ihre Hobbysachen noch keinen festen Platz haben, dann wird es jetzt Zeit dafür! Und wenn sie einen festen Platz haben, ist es Zeit, dort auszumisten und aufzuräumen.

CHECKLISTE

☐ Sammeln Sie alles Hobbyzubehör zusammen. Sortieren Sie es, wenn es sich um unterschiedliche Hobbys handelt, die an unterschiedlichen Orten ausgeübt werden, oder wenn Sie gewisse Sachen trennen wollen.

☐ Wenn Sie keinen festen Platz für Ihre Hobbysachen haben, entscheiden Sie, wo sie zukünftig hin sollen. Wenn Sie nicht genug Platz haben, können Sie die Sachen vielleicht in einer oder mehreren Kisten unter dem Bett aufheben. Oder einen Schrank dafür auswählen.

☐ Sortieren Sie das Hobbyzubehör aus. Sollte etwas weggeworfen werden? Fehlt etwas?

☐ Putzen Sie die Fläche, wo alles hinkommt.

☐ Organisieren Sie die Dinge so, wie sie zusammengehören, und legen Sie sie, wenn nötig, in unterschiedliche Behälter. Versuchen Sie, alles übersichtlich zu ordnen, sodass Sie sehen, wo sich was befindet, und es leicht herausholen können.

»Wunderbar, deine Schritt-für-Schritt-Kommentare zu lesen. Einfach und übersichtlich. Deine Projekte sind immer eine Inspiration. Danke!« Lene

50. Fotos ordnen

Ich weiß, was Sie denken. Das kann zu einem Riesenprojekt werden. Und genau deswegen liegt es vielen auf dem Gewissen. Aber wir müssen uns ja irgendwann darum kümmern, und es muss auch gar nicht so schwierig sein, wie es zunächst aussieht. Warum also nicht jetzt? Machen Sie es zu einer Gewohnheit, wenn nicht öfter, so doch gegen Jahresende die Bilder durchzugehen, die sich im Handy oder der Kamera befinden.

Und ich mache es so leicht, wie nur möglich, das verspreche ich. Das Wichtigste ist, dass Sie erstmal anfangen und für die Zukunft planen, damit weiterzumachen.

CHECKLISTE

☐ Gehen Sie die Fotos auf Ihrem Handy durch: Löschen Sie die schlechteren Bilder einer Serie und behalten Sie nur die besten. Löschen Sie Fotos oder Screenshots, die Informationen enthalten, die Sie nicht mehr benötigen.

☐ Sortieren Sie die Bilder in Ordner, entweder nach Datum oder nach den Ereignissen, zu denen sie aufgenommen wurden. So wird die Suche nach bestimmten Fotos einfacher.

☐ Kopieren Sie die Bilder vom Handy auf den Computer und zur Sicherheit entweder auf einen USB-Stick oder eine externe Festplatte, in eine Cloud oder Ähnliches.

☐ Wenn Ihre Fotos auf einer Digitalkamera sind, kopieren Sie alle auf den Computer und sortieren sie dort aus.

☐ Manchen genügt ein solches digitales Fotoalbum, aber Sie können auch eine Auswahl Bilder ausdrucken. Sie können die Papierfotos zu Hause in ein Album kleben. Oder sie online direkt mit Ihren Kommentaren in ein Album einpassen und ein fertiges Fotobuch nach Hause geschickt bekommen.

☐ Vielleicht liegen bereits ausgedruckte Fotos zu Hause, die noch in ein Album einsortiert werden müssen? Schaffen Sie es, sich auch darum zu kümmern? Wenn nicht, dann legen Sie dafür einen Termin im Kalender fest. Aber vielleicht machen Sie das Projekt auch unnötig kompliziert, weil Sie denken, Sie müssten zu jedem Foto etwas schreiben oder sie in einer perfekten Ordnung einkleben? Wenn Sie es in einzelne Schritte aufteilen, wird es einfacher! Fangen Sie damit an, die Fotos zu sortieren. Wenn sie in verschiedenen Stapeln vor Ihnen liegen, ist es einfacher, sie ins Album zu kleben.

☐ Haben Sie Fotoalben oder müssen Sie neue kaufen? Rechnen Sie aus, wie viele Bilder in jedes Album passen, und kaufen Sie entsprechend.

☐ Kleben Sie die Bilder in ein Album. Jetzt sind sie geordnet! Wenn Sie etwas zu den Bildern schreiben möchten, können Sie das auch später tun!

☐ Feiern Sie! Und tun Sie das auch, wenn Sie diese Woche nicht fertig geworden sind. Hauptsache, Sie haben angefangen.

Bestimmen Sie die richtigen Größen für Ihre Bag-in-Bag-Taschen.

Das Ladekabel im Beutel verheddert sich nicht.

51.	Die Handtasche aufräumen

Welcher Taschentyp sind Sie? Benutzen Sie immer dieselbe, die dann nach und nach immer voller wird? Oder räumen Sie den Inhalt immer wieder von einer Tasche in die andere? Misten Sie in diesem Fall dabei gleich unnötigen Kram aus?

Jetzt ist Weihnachten und wir konzentrieren uns auf anderes als große Projekte zu Hause, aber es kann ein guter Zeitpunkt sein, um kleinere Projekte wie Ihre Handtasche anzugehen, die einem trotzdem ein gutes Gefühl verleihen.

CHECKLISTE

☐ Leeren Sie Ihre Handtasche, Aktentasche, Ihren Rucksack oder die Tasche, die Sie täglich mitnehmen. Was befindet sich eigentlich alles darin? Alte Kassenbons? Leere Streifen Kopfwehtabletten? Kaputte Kopfhörer? Ein vergessener Handschuh?

☐ Sortieren Sie Müll und Dinge, die nicht in die Tasche gehören, aus.

☐ Sortieren Sie den Tascheninhalt nach Dingen, die sie wirklich jeden Tag brauchen, und anderen, die Sie nur ab und zu benötigen.

☐ Kaufen Sie eine oder mehrere kleine Taschen (Bag in Bag), die Sie in Ihre Handtasche packen. Damit ist es leichter, Ordnung zu halten. Das können normale, kleine Taschen sein oder Ziplockbeutel, wenn Sie gern von außen sehen möchten, was drinnen ist.

☐ Hat Ihre Handtasche Seitentaschen? Dort hinein gehört alles, was Sie täglich benutzen. Entscheiden Sie, was in welche Seitentasche kommt.

☐ Gibt es noch Dinge, die Sie täglich dabeihaben wollen? Tun Sie sie in eine Innentasche oder eine kleine Tasche.

☐ Gibt es Dinge, die Sie zwar nicht täglich brauchen, aber manchmal schon? Tun Sie die in eine andere kleine Tasche.

☐ Sortieren Sie auch Ihren Geldbeutel. Leeren Sie ihn komplett und misten Sie aus.

☐ Müssen Sie tagsüber Ihr Handy aufladen? In dem Fall ist eine Powerbank eine gute Idee.

52. Gedanken und Ideen ordnen

Damit es zu Hause funktioniert, muss auch in Ihrem Kopf Ordnung herrschen. Wenn Sie durcheinander und gestresst sind, vergessen Sie Dinge leicht. Dasselbe gilt für Ideen. Es gilt, sie einzufangen und zu sammeln, damit Sie wissen, wo Sie sie finden, wenn Sie sie brauchen. Aber dafür braucht es eine Struktur und gutes Werkzeug.

Nutzen Sie diese letzte Woche auch dazu, das Jahr noch mal Revue passieren zu lassen. Hoffentlich haben Sie das Gefühl, Ihr Zuhause unter Kontrolle zu haben und Strukturen erarbeitet zu haben, die es Ihnen erleichtern, Ordnung zu halten. Nächstes Jahr wird es viel einfacher, diese Projekte umzusetzen. Denn natürlich hält nichts von dem, was wir gemacht haben, ewig. Genau wie Putzen oder Kochen – man muss es immer und immer wieder machen. Aber je öfter man es macht, umso besser geht es uns von der Hand. Und wir etablieren Strukturen und Routinen, die es mit jedem Mal einfacher machen.

Sammeln Sie Ihre Gedanken und schauen Sie nach vorn. Vielleicht möchten Sie jetzt auch noch eine Liste mit all dem machen, was Sie bis nächstes Jahr um diese Zeit erledigt haben möchten?

CHECKLISTE

☐ Für welche Art von Gedanken und Ideen brauchen Sie ein besseres System? Sind es To-do-Listen, Erinnerungslisten oder mehr kreative Ideen, Geschäftspläne oder kurz- oder langfristige Ziele? Schreiben Sie auf, worum es sich bei Ihnen handelt.

☐ Überlegen Sie, wie und wann Sie an die Informationen kommen müssen. Ist es wichtig, sowohl auf dem Handy als auch auf dem Computer Zugang dazu zu haben, oder reicht das Handy?

☐ Überlegen Sie, welches Werkzeug am besten zu Ihnen passt. Es gibt eine Unmenge an Apps und Webprogrammen, die Sie nutzen können. Ein paar Beispiele sind Pinterest, Evernote, Trello oder Keep. Versuchen Sie, eines für jede Kategorie von Gedanken/Ideen auszuwählen.

☐ Wenn Sie eine gute Struktur für Ihre Gedanken und Ideen etabliert haben, müssen Sie die, die Sie bereits haben, dorthin überführen. Das kann schnell gehen oder länger dauern, je nachdem, wie viel Sie bereits gesammelt haben. Dieser Punkt ist vielleicht anstrengend, da er rein administrativ ist, aber denken Sie daran, dass Sie sich so gleichzeitig angewöhnen, wie Sie zukünftig mit Ihren Informationen umgehen. Wenn Sie das ein paar Mal gemacht haben, fühlt es sich beim nächsten Mal ganz natürlich an, eine Idee oder einen Gedanken hier oder dort zu speichern.

☐ Sind Sie fertig? Dann ist es Zeit zu feiern! Sie sind tatsächlich mit einem ganzen Jahr voller Aufräumen fertig. Herzlichen Glückwunsch zu dieser großartigen Leistung!

»Geschafft!
Denken Sie daran, dass
die richtige Aufbewahrung,
die richtige Struktur und
die richtigen Alltagsroutinen
die Voraussetzungen für eine
dauerhafte Ordnung sind.«
Paulina

MEINE PRIORITÄTENLISTE:

MEINE PRIORITÄTENLISTE:

UNSERE PRIORITÄTENLISTE:

UNSERE PRIORITÄTENLISTE:

Das sagen die Psychologen

Ich weiß, dass Ordnung und Routine uns guttun, aber ich wollte eine professionelle Meinung dazu einholen. Deswegen habe ich David Waskuri kontaktiert, der Psychologe und Sozialarbeiter ist, und habe ihm ein paar Fragen zum Thema Routine, Ordnung und Beziehungen gestellt.

Sind Routinen gut? Wie etabliert man gute Routinen? Wie lange braucht man, bis eine neue Gewohnheit eingeführt ist?

Routinen tun uns gut. Es ist eine Art, sich um sich selbst zu kümmern. Wenn wir zu viel Stress haben, brauchen wir eine Routine, um zu entspannen. Bestimmte Dinge in unserem Leben tun uns gut und wenn wir nicht festlegen, wann wir sie bekommen, bekommen wir sie vielleicht überhaupt nicht. Routinen werden in der Therapie gegen Stress und Depressionen eingesetzt.

Wie schnell man sich eine Routine angewöhnt, hängt davon ab, wie sehr man daran arbeitet. Zu Anfang brauchen wir Erinnerungen, um hineinzukommen. Das liegt daran, dass das Gehirn zu Beginn nicht weiß, was die Belohnung dafür ist. Die theoretische Belohnung ist vielleicht klar, aber nicht die emotionale. Nehmen wir z. B. Sport, wir wissen, dass das Training gut ist, aber es dauert eine Weile, bis der Körper das tatsächlich so empfindet und die Belohnung, die darauf folgt, haben möchte. Eine Belohnung sollte immer sofort oder kurz nach einer Anstrengung erfolgen, damit das Gehirn sie mit dem zu belohnenden Verhalten verbindet.

Wie kommt man miteinander klar, wenn einer chaotisch ist und der andere ordentlich?

Die Lösung ist, sich zusammenzusetzen und ruhig darüber zu sprechen. Genau wie bei allem anderen auch. Es ist wichtig, nicht zu kritisieren, sondern Verständnis dafür zu haben, dass wir unterschiedlich sind, zu versuchen, offen zu sein, Kompromisse zu suchen und gemeinsame Regeln. Was ist wichtig für mich und wo kann es zu Konflikten kommen? Schauen Sie zurück und voraus, was war bisher ein Problem und was kann zukünftig zu einem werden?

Gibt es Tricks, wie man seinen Partner mitzieht, so dass er sich auch zu Hause engagiert?

Ja, die gibt es. Jedoch sollte man daran denken, dass man einen anderen Menschen nicht völlig verändern kann. Damit der andere versteht und sein Verhalten ändert, ist es extrem wichtig, wie man es formuliert. Zunächst sollte man »Ich-Botschaften« senden, also von sich selbst ausgehen und wie die Situation auf einen wirkt. »Wenn ich einen Haufen Kleider auf dem Boden sehe, dann stresst mich das.« Dann ist es wichtig, dass man das, was man von dem anderen möchte, positiv ausdrückt: »Ich fände es wirklich toll, wenn du die Schmutzwäsche direkt in den Wäschekorb tun würdest.« Man kann den anderen auch fragen, wie man die Situation ansonsten lösen kann, anstelle eine eigene Lösung zu präsentieren: »Was meinst du, wie können wir das vermeiden?« Wenn die andere Person dann ihr Verhalten ändert, ist es sehr wichtig, seine Wertschätzung zu zeigen.

Aber da man, wie gesagt, nicht alle Verhaltensweisen, die einen am anderen stören, ändern kann, ist es wichtig, Prioritäten zu setzen. Man muss gewisse Dinge auch akzeptieren können.

Über Paulina

Ich habe schon immer gern organisiert und Ordnung und Struktur entwickelt. Als Kind habe ich gern zu Hause aufgeräumt, übrigens auch bei Freundinnen zu Hause, wenn ich die Chance bekam (Letzteres fanden meine Eltern nicht so toll). Im Beruf hatte ich verschiedene Stellen, bei denen es eben darum ging, eine Struktur zu entwickeln, um einen Bereich auszubauen. Ich wurde an der Universität Lund zur Diplomkauffrau ausgebildet und begann meine Karriere als Managementtrainee bei Coop. Danach war ich als Einkäuferin, Marktleiterin, Projektleiterin, Produktchefin, Key-Account-Managerin, Spartenmanager, schließlich als Digitalchefin tätig.

2011 habe ich mit meinem Blog angefangen. Da war mein Sohn Viktor noch kein Jahr alt, das Lebenspuzzle begann und das Bedürfnis nach Ordnung veränderte sich im Takt seines Wachstums. Ich habe im Internet nach Inspiration gesucht, ohne viel zu finden und begann, eigene Lösungen zu entwickeln, die zu einem Leben mit Kleinkind passten. Dann begann ich zu bloggen.

Ganz schnell habe ich gemerkt, dass viele daran interessiert waren, Ihr Zuhause so effektiv und clever wie möglich zu organisieren, um keine Zeit bei der Suche nach Dingen zu verschwenden. Und es gab recht viele, die dabei Hilfe suchten. Ich bekam schließlich Fragen, die dazu führten, dass ich es zu meiner Aufgabe machte, sie zu beantworten und Lösungen zu finden. Schon bald meldete sich eine Lokalzeitung und wollte eine Homestory mit mir machen. Und als der Blog ein Jahr alt war, lud mich das Frühstücksfernsehen des schwedischen Fernsehsenders TV4 ein. Ich sollte der Moderatorin dabei helfen, ihre Schublade mit allem Möglichen zu ordnen. Das lief so gut, dass wir an dem Tag mehr Beiträge produzierten als geplant, und ich wurde auch im nächsten Jahr wieder eingeladen. Da gab ich Tipps zu geschickter Aufbewahrung von Badezimmerkram und Schmuck.

Ich habe weiter Vollzeit gearbeitet und abends und am Wochenende gebloggt. Genauer gesagt, nachts und am Wochenende. Es war nicht gerade leicht, Beruf, Freunde, Familie, Sport und den Blog zusammenzubringen. Und gerade als ich am meisten gearbeitet habe und verantwortlich für den Aufbau einer Weinwebsite war, wurde mir ein Buchvertrag angeboten. Es wurde immer schwieriger das Lebenspuzzle zu legen ... Es gab zu viele Puzzleteile und einige mussten weg. Also entschloss ich mich, meinen Job zu kündigen und mich selbstständig zu machen. Mein erstes Buch wurde im Januar 2016 veröffentlicht und wurde zu einem Verkaufserfolg, was zu einem neuen Buchvertrag führte. Und ich wusste dieses Mal ganz genau, welches Buch ich schreiben wollte. Das, was Sie in der Hand halten.

Meine Leidenschaft hat mich auf diesen Weg geführt, auf dem ständig neue, spannende Dinge geschehen. Nicht nur, dass ich ein Buch schreiben durfte und überall im Land Lesungen gehalten habe, überdies wurde mir angeboten, bei zwei Staffeln einer Fernsehsendung Gastmoderatorin zu sein. Ich kann allen aus ganzem Herzen raten: Folgen Sie Ihrer Leidenschaft und bauen Sie sie aus. Man weiß nie, wohin sie einen führt und die Reise genießt man auf jeden Fall!

Noch nicht genug aufgeräumt?

Die Aufräumexpertin Paulina ist von ihrer schwedischen Heimat aus auch in den sozialen Netzwerken sehr aktiv. Auf ihrem erfolgreichen Blog (www. forvaringsdrottningen. com) führt sie ihr Buch fort und stellt jede Woche ein neues Projekt vor.

Egal ob Sie nun im Aufräumfieber sind, Inspirationen und neue Ideen suchen oder einfach nur Aufmunterung benötigen, hier werden Sie bestimmt fündig.

www.facebook.com/Forvaringsdrottningen/

www.bloglovin.com/blogs/forvaringsdrottningen-3535506.

twitter.com/forvaringsdrott/

ZUSÄTZLICHE INSPIRATION, DIE DEN BLOG ERGÄNZT, FINDEN SIE HIER:

www.instagram.com/forvaringsdrottningen/

www.pinterest.se/forvaring/

Alle Filme finden Sie auf Paulinas YouTube-Kanal

Sollten Sie Fragen, Überlegungen, Kommentare, Vorschläge oder Ideen haben, die Sie mir mitteilen möchten, dann können Sie mir gern eine E-Mail schicken: paulina@ forvaringsdrottningen.com. Bis dann! Paulina